マンションは日本人を幸せにするか

榊 淳司
Sakaki Atsushi

a pilot of wisdom

目次

第四章　儲けるためのマンション

郊外の新築マンションは一〇年で半額に／三五年ローンがマイホーム需要を急拡大／マンションが分譲されるまでの流れ／極めてハードルの低いマンション開発事業／資金があれば素人でもできる／「長谷工プロジェクト」というマンション開発／マンション業界のユニクロ／新築マンション分譲のJVとは／新築マンション市場の不透明性／利益を上げなくてもいいデベロッパーがある？／マンションの仕入れ値／客に「買わせる」のがマンション業界／「買わせる」「ハメ込む」「殺す」／冷静な判断力を失わせるモデルルーム営業／価格は来訪者にしか教えない／「予告広告」という曲者／購入者の不信感は募る一方／「囲い込み」という悪徳慣習／カモられる人々／両手仲介は違法にすべき／レインズを一般開放せよ／中古マンション取引の新たな可能性

図版作成／クリエイティブメッセンジャー

プロローグ——マンションが日本人にもたらした「正と負」の側面

日本人にとって、「マンション」とは何なのだろう?


この素朴な疑問が、本書の出発点であった。

日本人にとってマンションとは何か? あるいは、マンションは日本人を幸せに導く住まいなのか?

最初に、残念な数字を示しておく。

日本三〇、アメリカ五五、イギリス七七。

これは「滅失住宅の平均築後年数の国際比較」というもので、国土交通省の推計値だ。もう少し分かりやすくいうと、取り壊される住宅が建築されてから何年経《た》っていたか、という年数の国際比較。日本は三〇年であるのに対して、アメリカは五五年、イギリスは七七年。

日本の住宅というものは、木造一戸建てや鉄筋コンクリート造のマンションも含めて、平均で三〇年ほど経過すると壊されている、というのだ。

みなさんの身近な例を思い出して欲しい。生まれた時の自宅はどこだったか。そこは今どうなっているのか。

「生まれた時の家は、すでに建て替えられている」という人も多いことだろう。四〇代、五〇代の人なら、大半が生まれた家は原型をとどめていないはずだ。

なぜ、日本の住宅はかくも早くに取り壊され、建て直されるのだろう。

いろいろな説がある。

まず、マンションという鉄筋コンクリート造の頑丈な住まいが生まれるまで、日本の住宅は木造が主流だった。かつてヨーロッパ人が「紙と木でできている」と表現したそうだ。

その通り。より正確な言い方をすると「紙と木と土でできている」。これが伝統的な日本の家屋だ。

ヨーロッパの都市部では、石やレンガでできた住宅が多い。パリでは二〇〇年前のアパルトマンが今なお立派に機能していて、人が住んでいる。

なぜ、日本には石造りやレンガ造りの住宅が生まれなかったのか？

その原因は、気候と地震にある。

まず、高温多湿な気候の日本では、夏にはエアーコンディショナーの助けを借りないと、高気密な住宅には住めない。エアコンがない時代に高気密な住宅で暮らした場合、冬は暖かくていいのだが、夏は暑すぎるのだ。

「家の作《つくり》やうは夏をむねとすべし。冬はいかなる所も住まる。暑き比《ころ》悪《わろ》き住まゐ、堪へがたきことなり」と、吉田兼好は『徒然草《つれづれぐさ》』に書いている。約七〇〇年も前から、日本人にとって住まいづくりは「夏向き」が基本。冬の寒さにはひたすら耐えるしかなかった。

司馬遼太郎は著書『歴史の中の日本』の中の「日本人の安直さ」というエッセイで、以下のような一文を書いている。

「もし十八世紀のロンドンの労働者に、日本の宮殿に住まわせてやると勧誘し、冬季、京の御所か、江戸城の将軍の座所につれてゆくとすれば、かれらは三日も我慢できずに逃げだし、ロンドンの安アパートのほうをえらぶのではないかと思ったりする」

私も二二歳まで京都の木造住宅で暮らしたので、それが実感できる。夏用に作られた日本の木造住宅は、冬が寒すぎる。しかし、冬向きに高気密な家を作ると、夏場はエアコンなしには暮らせないはずだ。

地震の影響も大きい。

日本には地震がある。ヨーロッパには、ほとんど地震がない。石やレンガで家を作ると、地震で倒壊する可能性が高い。石やレンガはひとつひとつ接着させながら積み上げるのが基本。しっかりとした柱を作らない場合もある。すると、地震で崩れやすい。だから、地震の多い日本には馴染《なじ》まない。

戦国末期、城づくりの名人といえば豊臣秀吉だろう。現存しているものはないが、大坂城や聚楽第《じゅらくだい》、伏見城は見事な建築だったという。しかし一五九六年の慶長伏見地震では、秀吉が作り上げた伏見城天守閣が一夜にして倒壊した。その土台は、石を積み上げたものであったと推測される。

日本人が木造住宅を好んだもう一つの理由は「新築好き」にもありそうだ。

欧米人は、日本人ほど新築好きではない。それには統計的な裏付けもある（図1）。

日本で売買される住宅は新築が主流だが、アメリカやイギリス、フランスでは中古が基

図1　中古住宅流通シェアの国際比較

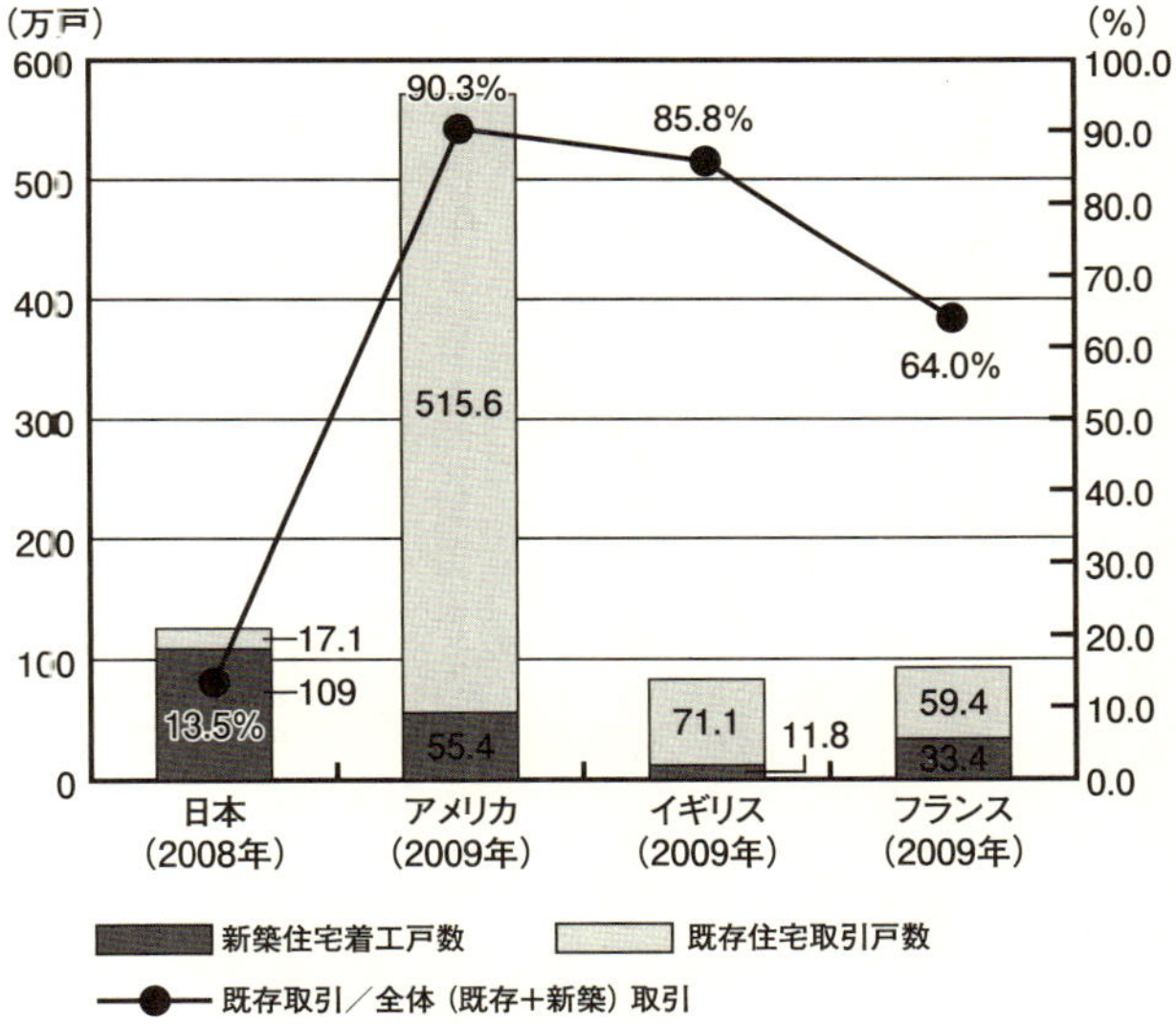

(資料)
日本：住宅・土地統計調査（平成20年）（総務省）、
　　　住宅着工統計（平成21年）（国土交通省）
アメリカ：Statistical Abstract of the U.S. 2009
イギリス：コミュニティ・地方政府省（URL http://www.communities.gov.uk/）
　　　（既存住宅流通戸数は、イングランド及びウェールズのみ）
フランス：運輸・設備・観光・海洋省（URL http://www.eqipment.gouv.fr/）

注1　イギリス：住宅取引戸数には新築住宅の取引戸数も含まれるため、「住宅取引戸数」−「新築完工戸数」を既存住宅取引戸数として扱った。また、住宅取引戸数は取引額4万ポンド以上のもの。なお、データ元である調査機関のHMRCは、このしきい値により全体のうちの12%が調査対象からもれると推計している。
注2　フランス：年間既存住宅流通量として、毎月の既存住宅流通量の年換算値の年間平均値を採用した。

国土交通省「中古住宅流通促進・活用に関する研究会」参考資料（平成25年6月）より

本。イギリスでは、売買される住宅の約八六パーセントが中古。アメリカでも約九割。この傾向は他のヨーロッパ諸国でも同じはずだ。欧米では、若い夫婦が購入する住宅のほとんどが中古である。

それに比べて、日本では八割以上が新築。日本人は、異常なほど新築好きなのだ。建築後三〇年ほど経った家を壊して建て替えることを躊躇《ちゅうちょ》しない。逆にいえば、三〇年程度で老朽化して住めなくなるような安普請の家を作り続けてきた、ということだ。なぜだろう。

その理由の一つは「宗教」ではないかと考えている。

日本人にとって聖地と呼ぶべき場所の一つが伊勢神宮だろう。その伊勢神宮では二〇年に一度「遷宮《せんぐう》」が行われる。本殿を壊して建て替えてしまうのである。あんなに立派な本殿を二〇年で壊してしまうとは、普通に考えるともったいない。しかし、これは七世紀後半に定められた決まりだそうだ。

神道の信仰とは不思議なものだ。「あれをせよ」、「これをしてはいけない」といった戒律的な教えはほとんどない。ただひたすらに「清らかであれ」としている。

身体も家も、もちろん神社の境内も清らかなことを求める。「新しい」ことは清らかなことである。「古い」というのは穢《けが》れと同じ。穢れたものは「みそぎ」を行うことで清らかなものへと変わる。これが神道。

住宅だと、老朽化して「穢れた」住まいを、建て替えという「みそぎ」によって新築の「清らか」なものへと蘇《よみがえ》らせる。これが日本人の価値観の根底にある。

キリスト教やイスラム教、ユダヤ教にはこういう発想はない。日本の神道が持つ、かなりユニークな価値観ではないかと思う。

このように、木造の住宅を三〇年ごとに建て替えてきた日本に、鉄筋コンクリート造の「マンション」という住宅が普及している。

あとで詳しく述べるが、日本にこのマンションなるものが生まれて、実質的にはまだ六〇年ほどしか経っていない。その歴史は、有史以前からの数千年にわたる日本人の建築の歴史の中では、まだほんの少しでしかない。マンションに生まれて、マンションで天寿を全うして生涯を終えた日本人など、数えるほどしかいないだろう。マンションとは、それほどまで日本人にとっては新しいスタイルの住まいなのだ。

当初、多くの日本人は鉄筋コンクリート造のマンションも、それまでの木造住宅と同じように考えていたと思われる。つまり「三〇年経ったら建て替える」べきだと。

私は分譲マンションの業界に関わって約三〇年になる。

まだ、この業界に入りたての頃は「築二〇年」と聞くと、それはかなり「老朽化しているな」というイメージで捉えた。ところが、今は違う。

「築二〇年」と聞くと「まだまだ新しいじゃないか」と思う。「築一〇年」なんて、「新築に負けないくらいだ」とみなせる。

今は、築三〇年や四〇年の中古マンションがたくさんある。私も仕事柄、築三〇年以上のマンションを見ることは多いが、住戸内だけだとリフォームさえきちんとしていれば新築と比べてさほどの遜色はない。

マンションの耐用年数について、一〇年くらい前までは「三〇年から四〇年」と語られていたように思う。今は「五〇年から一〇〇年以上」といわれることが多くなっている。

日本人の意識の中にあるマンションの寿命は、確実に延びているのだ。

日本人にとってマンションとは、それまで数千年にわたる木造住宅との歴史の中で培われた「三〇年で建て替え」という概念を破壊する存在になった。

しかし、依然として木造住宅時代の「三〇年で建て替え」という概念で、老朽マンションは「建て替えなければならない」と考えている日本人も多い。

ただ、これからの時代、マンションに対する「三〇年で建て替え」という意識は徐々に薄れていくだろう。世の中に元気な高齢者が増えているように、築年数を経ても輝き続けるマンションが多くなっていくことが予測される。


この原稿を書くにあたって、訪ねたマンションがある。

それは、世界的に著名な建築家・槇《まき》文彦氏が設計した代官山ヒルサイドテラスである。

ヒルサイドテラスは、一九六八年から一九九八年にわたって建築された東京都渋谷区猿楽町・鉢山町、旧山手通り沿いの集合住宅と店舗が複合した街区。

アメリカで建築を学ぶ大学院生に対して、世界の建築家が選んだ「見ておくべき世界の住宅建築」リストの第二位に選ばれている。住宅建築の世界では、それこそ世界的な存在だ。

そのヒルサイドテラスは、一九六七年に「代官山集合住居計画」として槇文彦氏が立案したことによって、建築が始まった。つまり、マンションとしてスタートしたのだ。

オーナーの朝倉不動産社長・朝倉健吾氏にお話を伺った。

「住まいとして使われているのは、今は二〇戸ほどでしょうか。小学生と中学生も、あわせて一〇人くらいはいますよ」

当初は住居として建築されたが、事務所や店舗として使われるユニットも多くなり、今のようなスタイルになっていったという。

「よく聞かれるのですが、特にコンセプトというものはありません。その時代、時代に合わせて創っていったらこうなったのですよ」

今までいろいろな取材を受けて、「コンセプトは？」と度々聞かれたそうだ。

街が輝き続けるには、一本筋が通ったコンセプトや建築家の思想が必要だ、と考えるのは早計だ。そんなものを最初に設定しても、そのうち時代に取り残されて陳腐化する。現に、そういう街はいくつもある。

必要なのは、何十年経過しようと人々が住みたくなる魅力である。「普遍性」と言い換えてもいいだろう。

ヒルサイドテラスには、そういった意味で普遍性がある。

そこには、人をいたく感動させる何かがあるわけではない。言葉を尽くして褒めたたえなければならない造形物を見ることもない。ここから生まれた建築様式があるとも聞かない。

あえていうなら、あの街は清らかである。気持ちがいい。押し付けがましくない。偉そうでない。気取ってもいないし、かといって控えめでもない。構えたところもない。歩く人の気分を清々《すがすが》しくしてくれる。そういう街だ。

ヒルサイドテラスの住宅は築二〇年弱から四十数年。普通のマンションなら、建て替えの話が出てもおかしくない築年数である。しかし、ここが建て替えられるとは誰も考えない。もちろん、朝倉不動産にもそんな考えは微塵《みじん》もないはずだ。

築三〇年で老朽化が目立ち、建て替えられるマンションは少なからずある。

一方で、ヒルサイドテラスは今から三〇年後も確実に輝いているだろう。そして、多くの人に「住みたい」と思わせる存在であるはずだ。実際、そこに住むことで深い満足が得られるだろう。それが普遍性というものではないか。

このヒルサイドテラスは、日本に根付いた「マンション」の、最も輝かしい一面を見せてくれている。また、日本人とマンションの理想的な関係性を構築してきたのではないだろうか。

本書では、このマンションという住形態が日本人の暮らしにもたらす「正と負」の両面にしっかりと目を向けていきたい。そして、マンションと日本人が、幸せな関係であり続けるための方策を探りたい。

第一章　マンションは日本人を幸せに導いてきたか？

危機にあるマンション

私はもう三〇年も「マンション」に関わってきた。

最初の二十数年は広告の作り手として。その後はジャーナリストとして。

ジャーナリストとしては、マンションを購入するエンドユーザー（消費者）側に限りなく近い立場と視点でモノを書き、発言してきたつもりだ。それは時に、マンションのデベロッパー（供給者）に対する厳しい批判となることもある。

また、マンション市場を観測して、様々な分析や予測をする。マンションバブルの発生やピークアウト、崩壊などについても思った通りに発言している。

仮に私が「バブルが崩壊する」という情報を発信すると、マンションデベロッパーは嫌がるはずだ。しかし、崩壊する予兆が見えたら、そのことをしっかりエンドユーザー側に示し、「今は買い時ではない」と伝えることも私の仕事だと思っている。

本書は現状のバブル崩壊の時期について議論することが目的ではない。ただマンションと日本人の関係においてバブルがどういう役割を果たしたかについては、のちほど考えてみたい。

このような私のジャーナリストとしてのスタンスを、多くのメディアが時にはうまく活用してくれる。

テレビや新聞や雑誌が、マンション市場やデベロッパー側に対して厳しいコメントが欲しい時に、私のところにやってくる。だから、私はマンション市場に対して、あるいはマンションそのものに対して否定的な考えを持っているのか、と誤解されることがある。

しかし、私にとって「マンション」は三〇年間お世話になり続けているビジネスフィールドである。基本ポジションはエンドユーザー側だが、マンション業界をただ敵に回すのではなく、彼らにとっても有意義な情報や提案を発信していきたい。

実のところ、私は「マンション」という住形態そのものが、今後大きな危機を迎えるのではないかと考えている。これからの時代、日本人を不幸に導くマンションが増えてくるかもしれない、という悪い予感が強まってきたのだ。

しかし、それは「マンション」という大きなフィールドを全体として捉えれば、まだまだ小さい部分でしかないと思う。また、解決の方法も見出《みいだ》せるはずだと希望を持っている。

ただ、楽観はしていない。

もし「マンション」に使命があるとすれば、それは住む人を幸せに導くことだ。

この三〇年間、私は数千物件のマンションを眺めながら、ずっとあることを考えてきた。

「マンションは日本人を幸せにしたのか？」

「マンションはこれからも日本人を幸せにするのか？」

もちろん、答えはイエスである。イエスであらねばならない。また、イエスであり続けなければならない、と考えている。

なぜなら、マンションは今後もどんどん増える。都会に住む日本人にとっての主要な住まいの形態がマンションだ。今後も、更にその傾向が強まるだろう。

だからこそ、マンションは日本人を幸せにする住まいの形態であらねばならない。

ただ、現状はどうだろうか？

多くの日本人は、マンションに住むことに満足しているはずだ。また、これからマンションに住み始める人も、幸せな日々を過ごせるはずだ。

マンションが変えた日本人の暮らし

しかし、不安もある。

前述のように、日本人はまだ六〇年ほどしかマンションという鉄筋コンクリート造の住形態に馴染んでいない。また、ほとんどのマンションはここ五〇年以内に建てられたものだ。

現在、分譲タイプのマンションだけで日本全国に六百数十万戸のストックがある。賃貸マンションはＵＲ都市機構（独立行政法人都市再生機構）や自治体主管の住宅供給公社など、公的なものだけで約三〇〇万戸。民間の賃貸マンションも一〇〇〇万戸程度と推定されるので、総数では一九〇〇万～二〇〇〇万戸の「マンション」が、この国には存在する。そこに住む人は推定で何千万人にも上るはずだ。日本人の何割かが「マンション」に住んでいることになる。

ところが、今から六〇年前に鉄筋コンクリート造の集合住宅で暮らしていた日本人は、多くて数千人だったと推定される。

したがって、この六〇年でマンションは日本人の住まいを大きく変えてしまった、といっても過言ではない。まことに大きな変化だ。だが、多くの人はマンションというものがどれほど日本人の暮らし方を変えたのか、ということに気付いていない。

マンションは、日本人を都会に住まわせた。
マンションは、日本人にマイホームを持たせた。
マンションは、日本人の核家族化を進めた。
マンションは、日本人を少子化に導いた。

マンションは、日本人の資産となり、負債となった。
マンションは、日本人に区分所有という概念を植え付けた。
マンションは、日本人に管理組合という強制加入組織を作らせた。
マンションは、日本人に高気密・高断熱な住まいを提供した。
マンションは、日本人にエアコン使用を定着させた。
マンションは、日本人に高層生活を定着させた。

以上は、私が考えている「マンションが日本人の生活にもたらした変化」の主なものである。読者諸氏の中には、この中のいくつかについて疑問を感じたり、納得できない項目もあるだろう。ここにあげた主張の根拠や詳しい中身は、本書の中で順次説明していきたい。

マンションに住むリスク

マンションという日本人にはかなり新しい住形態について、多くの人は重要なことに気付いていない。

実のところ、マンションには様々なリスクがある。そのリスクが顕在化した場合、そこに住む人の幸せを奪うことにもつながる。

分かりやすい例でいえば、二〇〇五年に発覚した「耐震強度偽装事件」や二〇一五年に起こった「横浜マンション傾斜問題」などは、それまで何も知らなかった購入者や住民の生活をいきなり大きな不安の底に追いやった。特に「耐震強度偽装事件」は、それまで資産だと思い込んでいたものを、巨大な負債に変えてしまった。

また、あのような大事件ではなくとも、隣人とのトラブルや住戸内のちょっとした不具合の発生なら、日常茶飯事のように起こっている。

そうでなくてもマンションは年月とともに老朽化し、資産としては減価していく。管理がうまくいかないと、スラムや廃墟《はいきょ》になる恐れもある。更に、いざという時に思っていたほどの価格で売れないことも十分にあり得る。

つまり、マンションは基本的に住む人を幸せに導く場所であり、装置であるはずなのだが、逆に働く場合も十分にあり得るのだ。

「マンション」とは何か？

私たちは「マンション」という言葉を気軽に使っている。しかし、その言葉の持つ本来の意味はあまり知られていない。

手元にある一九九一年の『広辞苑』第四版で「マンション」という項を調べると、以下のように書かれている。

（大邸宅の意）多くは中高層の、集合住宅の俗な通称

一九九一年の時点で、「マンション」という言葉は日本社会にすっかり定着していたと記憶している。それがおおよそ鉄筋コンクリート造の集合住宅であることに異議を唱える人はほとんどいなかったはずだ。それなのに「俗な通称」と規定されていたのはなぜだろう？

もともと「マンション」は英語の mansion だ。その本来の意味は、敷地のゲートから

建物の入り口まで何百メートルもあるような「大邸宅」を指す。もっとも、今のイギリスでは日本と同じように都会のアパートメントハウスをmansionと呼ぶこともあるらしい。しかし、英語を母国語とする人々が、mansionというワードを示されて最初に思い浮かべるのは、壮大な邸宅であるはずだ。日本国内で日々分譲されている七五平方メートルほどの3LDKではない。

高級感をアピールする「マンション」という名称

日本語の「マンション」は、一九六〇年頃から、不動産業者が高級感を装うために使い始め、その後すっかり定着してしまったと考えられている。

一九六〇年代は日本のマンション開発の黎明《れいめい》期であった。その頃に建築されたマンションの名称は「〇〇マンション」というものが多い。

ところが、一九八〇年代になると「〇〇マンション」というネーミングはすっかり見られなくなった。「〇〇ホーム」や「〇〇ハウス」、「〇〇ハイム」などに変わっていく。最近では「〇〇レジデンス」というのも多くなった。「レジデンス」というのは本来、田園調布や芦屋《あしや》で見られるようなお屋敷を指す。相変わらずの誇大表現だ。

今は、更に多様化している。例えば、「ドゥ・トゥール」と言われても、それがマンションだとはイメージできない。耳で聞けばチェーン展開している喫茶店かと聞き間違える。しかし、これは二〇二〇年に開催される東京オリンピックの選手村予定地近くにできた二棟の大規模タワーマンションの名称。「ドゥ・トゥール」はフランス語。英語でいうと“Twin Towers”だそうだ。ほとんどの人には意味不明だし、カタカナとしてキーボードで入力しにくい名称だ。口頭で説明するのも難しい。

不動産業者は、自分の売るものを必要以上に高級に装いたがる悪癖がある。また、設計やデザインよりも、広告上で高級感をアピールしようとする傾向も強い。本末転倒だ。

彼らは、そのマンションを売るためには多少オーバーであっても、あるいは分譲後に住む人が恥ずかしく思おうと、そんなことは一切気にしない。売るために「カッコよく」見えればいい、という単純な発想だ。

こういった不動産業者の身勝手な発想の起源ともいうべき言葉が「マンション」なのである。

そもそも、鉄筋コンクリート造の集合住宅を「マンション」と呼び始めたことに、致命的なボタンの掛け違いがあったように思える。

残念なことに、誇大広告としかいいようのない「マンション」という言葉は、結局のところ日本語の一つとしてすっかり定着してしまった。「マンション」という言葉が日本風鉄筋コンクリート造の集合住宅であることを英語母国語民に説明する際に、多くの日本人はひどく恥ずかしい思いをさせられる。五〇年前の不動産業者たちは、かなり重い罪を犯したと思う。

そのことが一九九一年版の『広辞苑』の「マンション」の項を書いた人物に、この言葉を「俗な通称」と書かせた原因ではないだろうか。

そして、不動産業者たちの「高級に装いたがる」伝統は受け継がれており、今も「ドゥ・トゥール」のような奇妙奇天烈《きてれつ》なマンションの名称を世に送り続けている。

しかし、本書でも「マンション」という誇大広告を起源とする言葉を使用せざるを得ない。世の中にすっかり定着してしまったからだ。多くの日本人がこの言葉を聞いて描くイメージにはほとんど差がない。また、特に今の日本では「マンション」以外に適切な言葉がない。

それは、「鉄筋コンクリート造で建てられた三階建て以上の集合住宅」というイメージだろう。正確には「鉄筋コンクリート造」だけでなく、「鉄骨鉄筋コンクリート造」というのもある。また、「鉄骨造」というのもある。

世間では分譲マンションのみを「マンション」と定義している場合も多い。本書では、賃貸も含めて「鉄とコンクリートでできた三階建て以上の集合住宅」はすべて「マンション」とする。つまり、分譲と賃貸を区別せず、広い意味での「マンション」を語りたい。

住宅不足解消のために大量供給された「団地」

プロローグで紹介した代官山ヒルサイドテラスや、後述する大正末期から昭和初期に建設された同潤会アパートは、日本の住宅を文化として見た場合、かなり明るい側面だと思える。この二つのマンションの他にも、明るく、清々しさを感じさせたり、日本人として誇りが持てるマンションも多い。

しかし、今の日本に存在するマンションの大多数は、分譲も賃貸も含めて文化的な側面よりも「儲《もう》ける」ということを何よりの目標として世に送り出されたものだ。また、この傾向は今後も変わることはないだろう。

この現実は、近代日本の住宅の歴史の大きな流れに則している。

そもそも、戦後の鉄筋コンクリート造の集合住宅は、実用的な発想で生まれた。一九四五年の第二次世界大戦終戦直後、日本全国で住宅の不足数は四二〇万戸だったという。技術が発達して大量の建築が可能となった現在でも、年間の新築住宅着工数は一〇〇万戸前後。当時は、せいぜい四〇万～五〇万戸だったと思われるので、何年にもわたる住宅不足が続いたはずだ。

やがて、日本は敗戦直後の廃墟から復興する。都市化の波が訪れ、地方から都会へ大量の人口が流入し始めた。当然、大都市周辺での住宅不足が深刻になる。

今のUR都市機構の元となる日本住宅公団が誕生したのが一九五五年。日本で最初の大規模ニュータウンとされる千里ニュータウンの入居が始まったのは一九六二年である。その後、一九七一年になって東京の多摩ニュータウンでも入居が始まる。

鉄筋コンクリート造の集合住宅は当時、「団地」と呼ばれた。一説には、「集団住宅地」を縮めたものといわれている。「マンション」は前にも書いた通り不動産業者の誇大広告から生まれて根付いてしまった言葉だが、「団地」は正式名称として今でも建築基準法などで使われている。

限られた土地に多くの住宅を作るために、鉄筋コンクリート造で階層を重ねる住宅建築手法は、まことに効率的である。日本全国に「ニュータウン」が造成され、その中に大量の「団地」が建設された。

当初、こういった団地の開発は日本住宅公団や各自治体の住宅供給公社が主体となって行われていた。繰り返すが、その頃はまだ「団地」であって「マンション」ではない。

やがて、その主役が公的機関から民間へと変わる。民間企業が、先を争ってマンション開発を行うようになったのだ。なぜか。

理由はただ一つ、「儲かるから」。現在、マンションを危機に陥れているのも、この儲け優先主義が進んだ果ての帰結であるように思えてならない。

マンションが進めた核家族化と少子化

話を戻すと、マンションという住形態の出現とその普及によって、日本国内の住宅事情は劇的に改善した。

戦前は、三世代同居くらいの大家族が当たり前であった。ああいった居住スタイルは、各人が好んでそうしていたとは思えない。なぜなら、マンションという大量生産型の居住形態が登場することによって世帯分離が可能になると、若い夫婦はどんどん独立し始めたからである。

これは全くの私見であるが、もし、かつての日本人たちが好んで大家族暮らしをしていたのなら、マンションの大量供給と同時に社会現象ともいうべき核家族化が進行することはなかったはずだ。冷徹に見ると、マンションという住形態を発明する前の日本社会には、住宅が圧倒的に不足していたのだ。

そして、核家族化は同時に少子化へとつながっていく。

その理由は、核家族がマンションで暮らす場合、小さな子どもの面倒は必ず母親が見なければならなくなったからである。

その昔、「おばあちゃん子は三文安」という言い方があった。祖母に育てられると甘やかされるのでわがままになりやすい、といった意味で使われていた。今では、そういうフレーズさえ聞かなくなった。世の中から「おばあちゃん子」が急速に減少したからである。つまり、子どもがおばあちゃんと一緒に住むケースが激減しているのである。

その理由は、マンション内での三世代同居はスペース的に難しいのが一点。あとは、子ども夫婦のマンションは、おばあちゃんの住まいから地理的に離れたところにある場合が多いからだと考えられる。

小さい子どもの世話を、おばあちゃんやその他の同居家族に任せられない場合、それまでのように何人も子どもを産むということにはならないのかもしれない。

更に、日本人は「横へ倣え」といった意識が強い民族である。

団地に住んだ家族は、四人家族が標準設定だとすると五人家族にはなりたがらないのではないか。なぜなら、お隣やお向かいさんと住宅のサイズは同じであることが分かっているので、周りが四人家族で自分たちだけが五人家族だと「狭苦しく」暮らしていることが分かってしまうからだ。

団地が爆発的に増加した時代、それによって日本人の均質化が加速した面もあるのではないか。

「お隣さんと同じように」

この価値観と発想も、「子だくさん」という家族形態を急速にマイナー化したと思われる。

日本の核家族化とそれに伴う少子化には、マンションの普及が一役も二役も買っていると、私は考える。

今、日本という国をマクロの視点で見ると、最大の問題は「少子高齢化」である。しかし、人口を維持するために再び大家族時代の三世代同居に戻る、という選択肢はもうないだろう。

日本人はすでにマンションでの暮らしが、プライバシーの守られた快適なものであることを知ってしまっている。今後、このマンションという居住形態を維持しつつ、再び出生率を上昇させるためには、これまでにない新たな政策を考え出す必要がある。

第二章　マンションの黎明期

日本のマンションの原型

二〇一五年九月、往年の大女優・原節子が亡くなった。彼女の代表作といえば、いろいろな説があろうが、まず小津安二郎監督の「東京物語」だろう。その中で、原節子が演じる「戦死した次男の嫁」である紀子は、アパートのようなところに住んでいる。共用の内廊下があり、三輪車が置かれていたりするごく庶民的な住まいだ。

「ちょっとお願い、お酒ないかしら?」

舅《しゅうと》と姑《しゅうとめ》を自宅に迎えた紀子が親しい隣戸の扉を叩《たた》き、酒を借りるシーンがある。貸した隣人は肴《さかな》になる料理も「これ持ってく?」と渡していた。

その昔、庶民のご近所づきあいでは、酒や醬油《しょうゆ》を貸し借りしたものである。しかし、紀子の住まいは落語に出てくるような薄い板で仕切られた長屋のようには見えない。どちらかといえば、今のマンションに近い集合住宅だ。

「東京物語」は一九五三年公開の作品。その頃に、今のマンションのような住形態はほとんどない。では原節子が演じる紀子は、どこに住んでいたと考えればよいのか。

それは、「同潤会アパート」と呼ばれる鉄筋コンクリート造の集合住宅なのである。

同潤会というのは一九二四年に設立された財団法人。関東大震災での義捐金《ぎえん》で設立され、東京と神奈川エリアにおいて「同潤会アパート」という名称で鉄筋コンクリート造の集合住宅を建設し、一般市民に貸し出した。その数は一六か所に及ぶ。戸数にして約二八〇〇戸。

この同潤会アパートこそが、今の「マンション」と呼ばれる日本風鉄筋コンクリート造による集合住宅の原型である。

建設当時、同潤会アパートは、羨望の的だったという。

例えば、現在の文京区大塚三丁目にできた「大塚女子アパート」は、完成時はエレベーターや食堂、共同浴場、応接室、売店、洗濯場に加え、音楽室やサンルームなどが完備されていた。もちろん、当時としては最先端。職業を持つ独身の「職業婦人」たちにとって憧れの居住施設だったらしい。

ほとんどの同潤会アパートは戦災を逃れ、第二次世界大戦後もそのまま賃貸住宅として営まれた。映画「東京物語」に出てくる紀子の住まいも、そんな一つであったのだろう。映画の中で、紀子の住まいは当時としてはかなりお洒落《しやれ》で近代的な装いに映る。特に、下町で診療所を開業する長男や、美容院を営む長女の住まいに比べて、当時の言い方で「ハイカラ」な感じだ。

実際、紀子の暮らしぶりはつましいが、明るい。ご近所づきあいもよさそうだ。かつて同潤会アパートに住んだ有名人は坪内ミキ子、なだいなだ、正宗白鳥など。同潤会アパートに暮らすことは、ある意味ステイタスであったのかもしれない。

戦後のある時期まで、同潤会アパートはかなり良好な管理状態で維持されていたのではないかと想像できる。しかし、それは永遠に続くものではなかった。

一九四一年、同潤会アパートの運営は財団法人から住宅営団という公的組織に引き継がれ、更に戦後は東京都などに移された。その後、ほとんどの同潤会アパートは居住者に払い下げられたという。つまり、当初の賃貸住宅ではなくなり、今でいう「区分所有」になったということだ。

果たして、その「払い下げ」がよかったのかどうか、私はやや疑問に思う。

最後の同潤会アパートとされる「上野下アパート」は、二〇一三年に取り壊された。八四年の「生涯」だった。

マンションの耐用年数

「マンションの寿命はどれくらいですか？」

そういった質問を受けることが多い。

しかし、明確な答えはない。なぜなら、世界的に見ても鉄筋コンクリート造による建造物の歴史は長くて一五〇年ほど。日本では一〇〇年程度。

その日本の鉄筋コンクリート造建造物の歴史において、およそ九〇年前に建てられ始めた同潤会アパートは、最初期の建造物といえるだろう。

ところが、すべての同潤会アパートは、今では取り壊されて存在しない。最長で八十数年しか存続し得なかった。しかし、仮に今残っていたとして「住めない」くらいに傷んでいるかというと、やや疑問だ。

また、第二次世界大戦後に払い下げられず、元の賃貸形式のまま適切な補修や改良が加えられていればどうなったであろう？

自民党は二〇〇七年に「二〇〇年住宅ビジョン」という政策提言を行い、これを契機として二〇〇九年には「長期優良住宅の普及の促進に関する法律」が施行された。鉄筋コンクリートの寿命には諸説あるが、最近では「一〇〇年以上」という説が有力になっているように思える。

今、日本における最も古い一般個人向け民間分譲マンションは、東京都新宿区にある「四谷コーポラス」だといわれている。一九五六年の分譲だから築六〇年以上で、もちろん現役だ。

しかし、築三〇年程度で建て替えられているマンションも多い。ただ、そういったマンションが住めないほど老朽化しているかというと、そうでもない。

後述するが、今まで日本で建て替えられた分譲マンションは、ほとんどが「経済的理由」だと考えられる。つまり、現状の区分所有者が経済的な負担なしに、新築で広い住居を手に入れられる場合に限って建て替えが実現している。そのマンションがどの程度老朽化しているか、という問題は二義的な場合がほとんどだ。

鉄筋コンクリート造の集合住宅には、施工不良がない限り、おそらく一〇〇年以上の寿命があるはずだ。ただし、それはまだ実例で確かに証明されているわけではない。その歴史は、これから我々が作っていかなければならないものなのだろう。

区分所有法の誕生と現状での問題点

マンションには、所有関係で分類すれば大きく二つの種類がある。分かりやすい言葉でいえば、「分譲」と「賃貸」だ。他にも借地権があるが、ここではひとまず置く。

賃貸マンションのオーナーは、たいていが一人か一社だが、分譲マンションは各住戸単位で所有者が異なる。各住戸のオーナーを「区分所有者」と呼ぶ。

一つの建物を何十人か、あるいは何百人かで分けて所有していることになり、ワンオーナーの賃貸マンションに比べて何かと複雑な事象が発生する。

そもそも、日本には区分所有されたマンションが六〇年前までなかった、といっていい。ところが、前述の「四谷コーポラス」が一九五六年に誕生し、その後もポツポツとそういった形式の分譲マンションが世に出てきた。

当初は、民法における「共有」という概念が適用されていた。ただ、民法における共有の規定をマンションという複雑な建造物に適用するのは、かなり大雑把である。マンションの管理に使うとなると、あまりにも解釈の余地が大きくなり、使い勝手が悪い。

そこで誕生したのが「建物の区分所有等に関する法律（区分所有法）」という、分譲マンションを想定した特別法である。制定は一九六二年。もう半世紀以上も昔のことだ。

この法律は、公平に見てわりあいよくできている。

しかし、使い勝手の悪いところも多い。それに何度か改正が加えられたが、原型は一九六二年のままだ。その根本的な考え方は変わっていない。

いくつか問題点を指摘してみよう。

性善説に基づく管理運営

この法律は、各区分所有者の権利と義務を定め、マンション全体を善良な管理に委ねるための基本的なルールを定めている。

しかし、その根底には「自分の所有するマンションの資産価値を害するような区分所有者はそんなに多くいない」という、どことなく性善説に偏った想定がある。

例えば、「管理者」に関する規定である。「管理者」とは、分譲マンションにおける管理組合の理事長を指す。区分所有法では、理事長が悪意を持って組合を運営することをほとんど想定していない。

ある事例をご紹介しよう。東京の都心にある、約一〇〇戸の分譲マンションの管理組合で起こった出来事である。

「榊さん、私たちを助けてください」

私のところにこの問題を持ち込んできたのは、区分所有者の一人。そのマンションの一住戸を買い取って本社にしている六〇代の会社経営者・Tさん。

「理事長のSが組合を私物化して、やりたい放題なのですよ」

話を聞いて驚いた。

そのマンションは築一〇年。東日本大震災で多少の傷みは生じたが、軽微な補修工事で済む程度。ところが、六年前から理事長を務めるS氏は大規模修繕を決議するための臨時総会を招集したというのである。

しかも、発注先はS氏が理事長になってからリプレース（変更）された現在の管理会社。金額は約一億円。管理組合に積み立てられた修繕積立金では足りないので、金融機関から三〇〇〇万円の借り入れをするのだという。

私は連絡をもらった数日後に、そのマンションへ行ってみた。どう見ても外壁の修繕工事が必要だとは思えない。仮にS氏らが言うように剝落《はくらく》の危険があるというのなら、施工した大手ゼネコンへ無償の補修工事を要請すべきだろう。何といっても、まだ築一〇年だ。ところが、臨時総会に向けての議案書には施工会社と交渉した形跡が皆無。また、大規模修繕工事の発注にあたり厳正な相見積もりを取ったわけでもなく、「日頃から当マンションの事情に通じている」という理由で、施工業者に管理会社が選定されている。

しかも、大規模修繕工事の内容を詳しく見ると、ほとんどが外壁の修繕工事。最も傷みやすい給排水管などの工事が一切含まれていない。建築の専門家にその議案書を見せたところ、「まあ、せいぜい三、四〇〇〇万円の工事ですね」という見解だった。

証拠はないが、S理事長が管理会社と癒着している疑いが濃厚であった。

しかも、その臨時総会の他の議案には「一部住戸アルコーブ（玄関前スペース）への門扉設置工事」などがあげられている。「一部住戸」とはS理事長自身の住戸を含んだ二戸のみ。明らかに自分への利益誘導である。

理事長になれば何でもできる

しかし、臨時総会ではすべての議案が可決された。

出席者は十数名。反対意見も噴出したが、決を採ってみれば全一〇〇議決権のうち、八割以上が賛成。全区分所有者の四分の三が賛成しなければいけない管理規約変更の議案まで可決されてしまった。

S理事長が、自分に寄せられた委任状や議決権行使書を使って、全区分所有者の約八割にも及ぶ「賛成」票を投じたのだ。

私はTさんに提案した。

「まず、臨時総会で行使された委任状や議決権行使書の開示を求めましょう」

Tさんの代理人となった弁護士名で、管理組合に対して委任状と議決権行使書の開示を求める通知書が出された。すると数日後、管理組合の代理人となった別の弁護士名で拒否回答があった。

区分所有法には、委任状や議決権行使書を公開しなければいけないという規定はない。また、委任状や議決権行使書を監査するための定めもない。

つまり、理事長がその気になればいくらでも議決をごまかせるのだ。この例からも分かるように、「理事長が悪意で組合を運営するはずがない」というのは、性善説に偏っているといわざるを得ないのではないか。

数か月後、Tさんとその仲間の区分所有者たちは、区分所有法第三四条第三項の規定「区分所有者の五分の一以上で議決権の五分の一以上を有するものは、管理者に対し、会議の目的たる事項を示して、集会の招集を請求することができる」に則して、臨時総会の開催を求めた。賛同する区分所有者二十数名から、同意書を取り付けたのだ。議題は「S理事長以下理事全員の解任」と「新理事の選出」。

そして、S理事長解任のための臨時総会が開催された。

S理事長は悪びれることもなく、自らが議長になることを宣言。そのまま「議長一任」の委任状を行使して解任の議案を否決してしまった。出席者が異議を唱えると、管理組合側として同席した弁護士が「理事長解任を議案とする臨時総会で、その理事長本人が議長を務めることは禁止されていない。違法ではない」と発言。

実際、その組合側弁護士の言う通りである。区分所有法第四一条では「集会においては、規約に別段の定めがある場合及び別段の決議をした場合を除いて、管理者又は集会を招集した区分所有者の一人が議長となる」とあるだけ。

結局、S理事長はそのまま居座る結果となった。

他にも事例には事欠かない。

二〇一五年の一一月に発覚した事件では、新潟県湯沢エリアのリゾートマンションの管理組合で十数年理事長を務めた人物が約七億円もの管理費・修繕積立金を着服・横領していた。そのマンションでは、当分の間、一定規模以上の修繕工事はできないだろう。大地震で大きな損傷を受ければ、廃墟化の危機を迎える可能性もある。

そういった事態を許したのも、区分所有法には理事長の悪意を前提とした規定がないからである。

結論からいえば、理事長になれば何でもできる。それが今の区分所有法だ。悪意を持った理事長が現れれば、分譲マンションの管理組合はたちまち私物化される。

管理規約の変更は困難

分譲マンションの管理組合で重要なことを決める場合は「全区分所有者の四分の三が賛成」しなければ可決されない。

これは「特別決議」と呼ばれている。共用部分の変更や、管理組合の法人化、管理規約の変更など重要度の高い決定を行う場合には、この「四分の三の賛成」が必要だと区分所有法で定められている。

私の知る限り、「特別決議」を易々《やすやす》と可決させる管理組合は多くない。どちらかというと少数ではないか。ましてや、Ｓ理事長が居座ったような、築一〇年以上の管理組合ではほとんど不可能に近いケースが多い。

前項のＳ理事長の場合、弁護士に対してすら委任状や議決権行使書を開示しなかった。欠席しているか、委任状や議決権行使書を提出していない区分所有者の名義を勝手に使って賛成票を投じた、と疑われても仕方がない行為だ。

真面目《まじめ》に全区分所有者の四分の三もの賛成を取り付けるのは、容易ではない。

そもそも、多くの管理組合では総会が有効となる全区分所有者の半数の出席もしくは委任状の提出さえ困難を極めている。前項のマンションでも、約一〇〇人の区分所有者に対して、総会に出席しているのは常に十数名だった。それでも、委任状や議決権行使書があれば総会は成立する。予算や決算の承認といったルーティンな決議なら、行使された有効議決権の半数が賛成すればいい「普通決議」だ。

しかし、「管理規約の変更」は全区分所有者の四分の三が賛成しなければならない「特別決議」となる。そのハードルは高い。繰り返すが、多くの管理組合ではこれが不可能となっている。

「民泊禁止」の難しさ

最近、民泊が話題になっている。

まず、日本にやってくるインバウンド（海外からの旅行客）が急増した。その結果、足りなくなったのが宿泊施設。東京や大阪、名古屋などの大都市では一時期「ホテルが取れない」状態になっていた。

そこでにわかに脚光を浴びてきたのが「民泊」。ホテルや旅館ではない普通の住宅に、有料で旅行客を宿泊させる、というもの。アメリカに本社があるAirbnb（エアービーアンドビー）という企業がネット上でホスト（宿泊施設提供者）とゲスト（宿泊利用者）を結び付けるサイトを作り、世界に広めたことで一気に利用者が増えた。日本でもここ数年で爆発的に増加している。

ホスト側からすると、普通に賃貸に出すよりも民泊で活用したほうが高い収益が得られる。おおよその目安として、Airbnbの一泊の料金は月額賃料の一割である。一か月のうち二〇日稼働すれば、賃貸に出す二倍の収益が得られる。現に、賃貸用に購入した分譲マンションを、収益がいいという理由から民泊で運用している投資家も多いはずだ。そうでなくても、日本中で賃貸用住宅は余り気味で、月額賃貸での借り手が不足している。

しかし、マンションで民泊が行われると他の住民にとっては何らメリットがないばかりか、迷惑そのものであることが多い。

ある日、自宅のマンションに帰ると、エントランスロビーにはスーツケースを引いた外国人観光客があふれているかもしれない。あるいは、マンション内のスポーツジムに行くと、外国語を話す人々にお気に入りのトレーニングマシンがすべて占領されているかもしれない。パーティルームでは、毎夜の如《ごと》く外国人たちが大騒ぎをしている……。

こんなことが起これば、管理組合としては頭の痛い問題である。では、何か有効な対処法はないのだろうか？

実は、あるにはある。その一つが「管理規約での禁止」だ。管理規約で明確に禁止されている行為を堂々と行える日本人は少ない。

しかし、管理規約で禁止するには、管理規約自体を改正しなければならない場合がほとんどだ。特に民泊が問題になる前に購入者へ引き渡された分譲マンションで、あらかじめ民泊禁止の管理規約を持って発足した管理組合は皆無であろう。

民泊禁止規約を盛り込むための管理規約改正には「特別決議」として全区分所有者の四分の三の賛成が必要である。前述の通り、多くの分譲マンションの管理組合ではそれは困難だ。

建て替えのハードルは高い

二〇一五年一〇月、横浜にある約七〇〇戸のマンション「パークシティＬａＬａ横浜」で、複数の支持杭《くい》が建築基準法施行令で求められている支持層まで達していない施工不良が発覚。売主である三井不動産レジデンシャルは、全棟の建て直しを管理組合に提案した。一見、全棟を建て直してもらえば問題は一〇〇パーセント解決できるように思える。しかし、ここにも区分所有法による大きな壁が立ちはだかっていた。

同法第六二条第一項の規定は以下の通り。

集会においては、区分所有者及び議決権の各五分の四以上の多数で、建物を取り壊し、かつ、当該建物の敷地若しくはその一部の土地又は当該建物の敷地の全部若しくは一部を含む土地に新たに建物を建築する旨の決議（以下「建替え決議」という。）をすることができる。

規約改正や共有部分の用途変更では「全区分所有者の四分の三」であったハードルが、建て替えとなると「五分の四」に上がっている。

もちろん、建て替えというのは分譲マンションの区分所有者にとって、最も重要な決定事項だ。「五分の四」という高いハードルを設定されても仕方ない、と考えるべきなのだろう。

これは、横浜の事件のみならず、通常の老朽マンションの建て替えにおいても恐ろしく困難なことでもある。全体の二〇パーセント超の人が反対するか、決議に参加しなかった場合には建て替え決議は可決できない。

この「五分の四規定」は、あまりにもハードルが高すぎるのではないだろうか。

そもそも、この規定を含めた区分所有法が定められた時代には、七〇〇戸を超えるような分譲マンションが誕生することは想定されていなかった。この法律を半世紀以上前に考えた人は、せいぜい一〇〇戸程度のマンションまでしかイメージできていなかったのではないか。

ここでも、区分所有法は時代とずれている。

ただ、この横浜のマンションの管理組合では二〇一六年の九月に建て替え決議のための総会が開かれ、九九パーセント以上の賛成票によって建て替えが可決された。売主企業が示した手厚い補償が多くの区分所有者たちの心を動かしたことは間違いない。しかし、売主側が潔く責任を認めるケースはまれである。この事件のようにメディアで大きく取り上げられない多くのマンションでは、売主が責任を認めずに不毛な話し合いが何年も続いている。

強すぎる所有権保護

民泊を防ぐために、管理組合で管理規約を改正することがそれなりに有効であることは述べた。しかし、それで万全かというとそうでもない。現行の区分所有法では、区分所有者の権利を厚く守りすぎている。

まず、管理規約に違反して民泊運用を続けている区分所有者が出現したとしよう。区分所有者の中には、法律ではない私的な契約である管理規約に違反することなど、躊躇しない人々が含まれているかもしれない。

では、そうなった場合に管理組合としては何ができるのか。

まず、区分所有法第六条第一項は以下のように定めている。

区分所有者は、建物の保存に有害な行為その他建物の管理又は使用に関し区分所有者の共同の利益に反する行為をしてはならない。

民泊は「区分所有者の共同の利益に反する行為」であるのか？

ここで法律的な議論をしても仕方がないので、仮にそうだとしよう。その場合、管理組合には何ができるのか。

区分所有法では第五七条から第六〇条に「義務違反者に対する措置」を定めている。内容はやや複雑なので、簡単にまとめてみる。
大きく三つの段階に分かれている。

1　行為の停止（民泊をやめさせる）
2　使用の停止（その区分所有者にその住戸を使用させない）
3　競売の請求（区分所有権を剝奪する）

1の「行為の停止」を裁判所に求める場合は、管理組合の普通決議で可能だ。2の「使用の停止」を求める訴訟は「特別決議（四分の三の賛成）」が必要。3の「競売の請求」にも特別決議が必要。こういった場合、裁判を行う場合は管理組合が原告になることができるが、管理者である理事長の個人名の記載を求められるケースもある。区分所有法第五七条第三項に「管理者又は集会において指定された区分所有者は、集会の決議により（中略）訴訟を提起することができる」と定められているからだ。

そして、今のところ管理規約に違反して民泊行為を続けた区分所有者を相手に訴訟を起こしても、管理組合側に有利な判決が出るとは限らない。

マンションの区分所有権は、基本的に私有財産権である。日本国憲法では、国民の私有財産権が守られることが明確に規定されている。したがって、マンションの区分所有権はよほどのことがない限り、剝奪されることはない。

管理規約に違反して民泊を続けたとして、区分所有権を剝奪する「競売の請求」の判決が出るとは考えられない。せいぜい「行為の停止」ではないだろうか。

分譲マンションの区分所有権を競売にまで持っていくためには、相当の理由が必要だろう。

このあまりにも強力な財産権の保護が、分譲マンションを危機に陥れる原因にもなる。

例えば、遠隔郊外に立地するかなり老朽化した三棟建てのマンションがあったとする。住む人が少なくなり、全体の八割ほどが空家になった場合、一棟にまとまって住んだほうが何かと好都合だ。管理も効率的に行える。余った二棟を取り壊して公園にすることもできる。空家の多いまま放置すると、浮浪者が住みついたり犯罪の温床になる可能性も高い。

しかし、現行法だと区分所有権を付け替えるには売買と同様の手続きを経なければならない。また、二棟を取り壊してその敷地を公園にするには、三棟の区分所有者のほぼ全員の同意も必要だ。したがって、現実的には不可能。

フランスでは、そういったことに行政が介入できるシステムが整っている。また立ち退かせたり強制的に買い取る制度もある。そこでは、私有財産権に一定の制限がかけられているのだ。

日本では、たとえ相手が政府であっても「私の土地は売らない」と頑張る不動産所有者がいると、かなり厄介なことになってしまう。

分譲マンションの区分所有者にも、同様の私有財産権がある。建て替えや取り壊しについては、基本的に全区分所有者の五分の四以上が賛成すれば可能ではある。しかし、最後まで反対する区分所有者を強制的に退去させるには、何年も裁判をしなければならない。だから、反対者が一人でもいる場合は建て替えや取り壊しがかなり困難になる。

大阪の千里桃山台第二団地では、区分所有者の五分の四以上が賛成した決議に対して反対した住民と開発業者が裁判で争うこととなり、反対住民の立ち退きを強制執行し、建て替えが完了するまで六年の年月を要した。その間、建て替えを待つ区分所有者の多くは仮住まいを余儀なくされた。

この「強すぎる区分所有権の保護」も、今後日本人とマンションの関係をよくするためにはぜひとも見直すべき課題だろう。

第三章　管理組合と民主主義

機能しない民主主義

民主主義は万能ではない。

『第二次世界大戦』という回顧録を書いてノーベル文学賞を受賞したイギリスの元首相、ウィンストン・チャーチルは次のような言葉を残している。

「民主主義は最悪の政治体制だ。ただし、これまで試みられてきた民主主義以外のすべての政治体制を除けばだが」

彼は第二次世界大戦時にイギリス国民を鼓舞して勝利に導いた人物として知られるが、その政治家としての軌跡は波乱に満ちている。しばしば選挙で苦戦を強いられ、失脚も経験した。そんなチャーチルの「民主主義」に対する嘆きとも、ひねくれた賛辞とも解釈できる言葉がこれである。

そして、分譲マンションの管理という分野でも、この民主主義が基本になっている。マンションの管理における民主主義は、ある意味でチャーチルが嘆いたように「最悪の政治体制」かもしれない。だが、実際にそれ以外にやりようがないのも現実だ。それもチャーチルが嘆いた通り。

前章で、都心にある約一〇〇戸のマンションの管理組合で起こったエピソードを紹介した。あのケースでは、区分所有法の抜け穴を最大限に利用して、S理事長が管理組合を完全に私物化していた。しかし、多くの区分所有者はそのことに気付かないか、あるいは気付いていないフリをした。その結果、修繕積立金という管理組合の資産が大きく損なわれる事態を招いた。

その後、S理事長はいつの間にか理事長を降り、どこかに去ったらしい。あとに残った人々が理事になり、S氏の食い散らした組合の財務をチェックして、驚愕《きょうがく》したという。

そのマンションを中古で購入することを検討する人が、管理組合の総会議事録を取り寄せてチェックしたら、まず買わない判断をするだろう。結果的に、マンション自体の資産価値が大きく崩れてしまった。

しかし、すべては後の祭りだ。Tさんたちの主張に耳を貸そうとしなかった他の無関心派の区分所有者たちにとっては、自己責任で招いてしまった現実。民主主義がうまく機能していない管理組合の典型的なケースだ。

管理組合を機能させるには

私が考えるところ、民主主義がうまく機能するには三つの大きな前提を満たしていなければならない。

1　民衆が選挙などで賢明な判断をする。

2　選ばれた政治家は自己ではなく全体の利益を図る。

3　民衆（メディア）は常に政治家を適切な監視下に置く。

これを管理組合に当てはめると、以下のようになる。

1　区分所有者は管理組合の総会で賢明な判断をする。
2　理事長及び理事はマンション全体の利益を図る。
3　区分所有者は理事会及び管理会社を適切な監視下に置く。

日本の民主主義がうまく機能しているかどうかを議論することは、本書の目的ではない。日本の分譲マンションの管理組合が、今のシステムでうまく機能しているかどうかを考えたい。

結論を先にいうと、八割以上の管理組合はうまく機能していないのではないかと推測する。

まず、ほとんどの区分所有者に、自分自身にマンション管理に参加すべき義務があることを実感していないはずだ。

「そんなの、好きな人と管理会社に任せておけばよいでしょ」

その結果、S理事長やリゾートマンションで約七億円を横領したような悪意の人物が現れると、管理組合の資産が骨までしゃぶられる結果を招く。

管理という「利権」

管理組合というのは、小さな自治体のようなものだ。管理費や修繕積立金は税金に相当する。市民が税金の使われ方を監視しなければ、政治家や役人がお手盛りで好き勝手をするように、常に理事たちが公正な運営を行うとは限らない。

別の言い方をすると、管理組合が行う管理業務は一種の利権である。なぜなら、そこには大きな金が動いているからだ。

一〇〇戸のマンションなら、全戸から徴収する管理費と修繕積立金の総額は年間で四〇〇〇万円近くになる。築一〇年を過ぎると、管理組合の銀行口座に積み上がった修繕積立金は一億円を超えるだろう。それをどのように使うか。どこに何を発注するのか。そういったことを決める権限は、実質的に理事長が持っている。

前述のケースで疑われるように、息のかかった会社に発注して何割かをキックバックさせることも、理事長になればわりあい簡単にできてしまう。

多くの区分所有者は、それに気付いていない。あるいは、気付かないフリをしている。

「自分のマンションは大丈夫だ。今の理事長はいい人そうだし……」

そういったことを漠然と思っている人がほとんどではないか。つまり、民主主義の三番目の前提である「適切な監視」を行う義務を怠っている。

お仕着せ四点セット

多くの区分所有者は、管理会社とはどういう存在なのかという基本認識を誤っている。

管理会社は管理組合と利益相反の関係であることを常に認識する必要がある。つまり、管理組合が損をすれば管理会社は儲かるのである。

まず、管理会社は管理組合にとって業務委託先である。平たくいえば業者だ。

管理会社に払う委託料は安いほうがいい。区分所有者の負担が軽減されるからだ。しかし、管理会社に払う委託料は、分譲マンションが完成する以前から決まっている。なぜなら、たいていの場合は売主企業の子会社が管理業務を行うことが決まっているからだ。

区分所有者は、分譲マンションの購入契約を結ぶ時点で、自身が組合員になる管理組合が売主企業の子会社に管理業務を委託することに同意する書面にも署名捺印《なついん》させられる。この書類には、他にも管理規約や管理費などの支払い同意の項目も含まれている。

1　管理会社
2　管理規約
3　管理費・修繕積立金
4　長期修繕計画

私はこの四つを、新築マンションの購入者が無条件で押し付けられる「お仕着せ四点セット」と呼んでいる。どれも、購入者には「拒否する権利」どころか「選ぶ権利」すらない。現行のシステムでは「仕方がない」といえばそれまでだが。

ただ、これらはすべて仮のものにしておいてもよいはずだ。入居後一年間で様々に議論したあと、「第一回の管理組合総会で本決定」といった仕組みにするのが理想的ではないか。管理組合の「民主主義」がうまく機能していれば、それは可能なはずだ。

管理会社のリプレース

売主企業の子会社が管理業務を受託している場合、その管理会社はしっかりと利益を確保している。無競争で受注しているのだから、当たり前といえば当たり前だ。

ただ、あまり知られていないが、管理会社は変更できる。実際に、管理会社を変えている管理組合も少なくない。というか、本来は変更するべきであろう。しかし、管理会社を一度も変えたことのない管理組合のほうが多いのが現実だ。

最初から「お仕着せ」で付いてきた管理会社を変更すると、業務委託料は通常でも二割、場合によっては四割程度削減できるかもしれない。だからやるべきなのである。これは組合の総会で管理会社変更の議案を提出し、過半数の議決（普通決議）で決められる。一見、簡単そうに見える。

しかし、実際のところ管理会社の変更は容易ではない。

まず、現状で業務を委託している管理会社に対して協力を仰げない。自分たちに受注がなくなることに協力する管理会社はないはずだ。

管理組合が行う日常の業務は、管理会社におんぶにだっこ状態であることがほとんどだ。特に、組合の総会に出す議案書の作成は、ほぼ管理会社に委託している。管理組合でこれをやるとなると、議案の原稿制作はもちろん、戸数分の印刷・製本、更に居住者以外への発送などのすべての作業を自ら行う必要がある。

それ以上に大変なのは、「変更する」ということについての理事会の合意形成。そして、変更先の選定。

また、管理員さんと親しくなっていたり、管理会社の担当者（フロント）と個人的な結び付きがあったりする理事がいると、執拗《しつよう》に反対される。

はたまた、現に委託している管理会社側から様々な妨害工作を受ける。中には、怪文書まで出回るケースもある。管理会社は現にある利権を失うことに精いっぱい抵抗するはずだ。利潤を求める企業である限りは、当然の動きだと考えるべきだろう。

管理会社を変更する場合、自分たちだけでやろうとはしないほうがいい。なぜなら、一般人がそれをやるには負担が大きすぎるからだ。

管理会社の変更に関しては、その業務に長《た》けたコンサルタントがいる。彼らに託したほうがずっと楽でスムーズだ。また、マンション管理というかなり専門的で細分化された業務について、有能なコンサルタントは詳しい知識を有しており、結果的に管理業務を組合側の利益に則して適切な形で見直すことにもつながる。

優秀なマンション管理コンサルタントとは

しかし、マンション管理についてコンサルタントの看板を掲げて業務を行っている人々の実力を見ると、実のところ玉石混淆《こんこう》だ。中には、何も分かっていない人も交じっている。どちらかというと、そういう人のほうが多い気がする。

国土交通省は「マンション管理士」という国家資格制度を二〇〇〇年に作った。目的は管理組合や区分所有者をサポートする専門家の養成。しかし、この制度は完全なる失敗といっていい。

まず、試験に受かる程度の知識では、管理組合に有用な助言は与えられない。何よりも経験が求められるのである。

現在、活躍しているマンション管理のコンサルタントは、ほとんどが管理会社のフロント経験者である。あるいは、コンサルタントとして長年の経験のある人。マンション管理士の資格など、あってもなくても関係ない。

そもそも、マンション管理士は名称独占資格であり、医師や弁護士などの業務独占資格ではない。前述のように、マンション管理士の資格を持っていない私も、時には管理についてのコンサルティングを行っている。それは違法でも何でもない。

管理会社の長期収益計画と化した「長期修繕計画」

管理会社にとって、管理組合はおとなしいに越したことはない。アレコレとうるさいことを言われると自分たちの仕事が増える。ましてや、管理会社の変更などを検討されるとたまったものではない。

そのため、引き渡し時にあらかじめ定められているお仕着せの管理規約には、管理組合の理事会活動が活発にならないような仕組みが設けられている。それは理事の任期。通常は輪番制で一年交代。つまり、同じ人が何年も理事をやって、専門知識を蓄えないように誘導する。多くの区分所有者もまた、理事になることを面倒くさがる。「できればやりたくない」と考えている人がほとんどだろう。

理事会のメンバーが一年ごとに代わり、みなが「事なかれ主義」になっている状態が管理会社の理想。管理会社からの提案は右から左で可決される。そして十数年が過ぎると、大規模修繕工事になる。事なかれ主義で施工業者を決める場合は、当然の如く管理会社が受注する流れになる。

実のところ、大規模修繕工事の受注は管理会社にとって一番美味《おい》しい仕事なのだ。管理会社の組織には、足場を組んで外壁のタイル補修をしたり、配管を交換するような工事部門がないのが普通。すべて外注だ。

管理会社がスムーズに大規模修繕工事を受注している場合、二割から四割の粗利を取っているのが業界内の常識。場合によっては五割以上もあり得る。分かりやすくいえば管理組合が「ボラれている」ケースが多いのだ。

そもそも、すべてのマンションが十数年に一度の大規模修繕工事が必要だとは思えない。タイル張りのオフィスビルは十数年に一度の割合で足場を組んで外壁を補修しているだろうか。そんなことは、ほとんどない。

確かに、給排水管は十数年から二〇年に一度の割合で、大掛かりに補修するか取り換えるべきだろう。しかし、外壁はタイルが剝落でもしていない限り、足場を組んでまで修繕工事をする必要があるとは思えない。また、その他の箇所は必要に応じてやればよいのであって、「定期的」にやるべきは、人の命を預かるエレベーターくらいだろう。これは、管理組合がやらずとも法定の点検が定期的に行われているはずだ。

実のところ、大規模修繕工事を十数年に一度やるべき、という指針は国土交通省が出している。なぜ、役所が建物によって「百棟百様」ともいえる個々のマンションの修繕に関わるような指針を定めなければならないのか、大いに疑問だ。私から見ると、マンション管理とゼネコンの両業界が潤うための陰謀ではないかとさえ思える。

日本人は、「政府が言っている」ということには弱い。それが正しいと思い込みやすい。マンションの管理会社は、そんな日本人の特性を利用しながら管理組合の「長期修繕計画」を、自社の「長期収益計画」にすり替えているのだ。

また、日本人は争いを好まない。日頃から笑顔で挨拶を交わしている管理会社の担当者を落胆させたくない、という心理も働く。

しかし、管理組合の資産はすべて区分所有者が支払ったものだ。

日本人はアメリカ人に比べて「税金の使い道」に寛容なように思えるのは、私だけだろうか。アメリカ人は自分たちの払った税金の行方に敏感だ。民主主義というのは、そういった市民の関心の高さによって機能しているところが大きい。

マンションの管理でも、同じシステムが機能すべきだ。区分所有者は、自分たちの払っている管理費や修繕積立金の行方に、必要な関心を示さなければいけない。多くの管理組合が、大規模修繕という大金を投ずる工事を安易に管理会社に発注している現状は、マンション内の民主主義が健全に機能している状態とはとても思えない。

管理費＝税金という発想を持つ

話は逸《そ》れるが、最近は、ホテルのようなマンションが増えている。

分譲マンションというのは集合住宅として、一戸建てにはない様々なメリットを備えている。その一つが、ソフトサービスだ。

元は、エントランスホールにあるカウンターで、管理員が居住者のちょっとした要望に対してサービスを提供していた。初期の頃はメッセージの取り次ぎやファックス送信、コピー、切手の販売、クリーニングの紹介など。

それが、ここ一〇年ほどで恐ろしく進化している。都心に立地する数百戸規模のタワーマンションには、「コンシェルジュサービス」という機能が付くようになった。

エントランスを入ると、まるでホテルのフロントカウンターのような設《しつら》いがあって、制服を着た女性がにこやかに「お帰りなさいませ」と、声をかけてくれる。

自分の部屋から内線電話で彼女たちに「ちょっと出かけるから、タクシーを呼んでくれる?」と言っておくと、エントランスに降りる頃には、車寄せでタクシーが待っている。

タクシーだけではない。「車を出してちょうだい」と内線で連絡すると、車寄せに自分の車が用意されている。帰宅すると、エントランス前で管理スタッフにキーを渡す。すると、彼らがきっちり自分の駐車スペースに入庫してくれる。まるで一流ホテルに泊まっているような気分になれる。これは「バレーパーキングサービス」といって、超高級マンションの一部で実施されている。

大阪の一等地・梅田に「グランフロント大阪オーナーズタワー」という、超一流のマンションがある。

ここにはなんと、本物のコンシェルジュがいた。朝七時から夜の九時まで、インターコンチネンタルホテルから本職のコンシェルジュが派遣されていたのだ。

一流ホテルのコンシェルジュというのは、客の要望に対して「決してノーと言わない」ことで知られている。入手困難なチケットの手配から、ネットでは探せない隠れたグルメスポットの紹介まで、法に触れない限りにおいてありとあらゆる要望に応えてくれる。そんなサービスを、日常的に受けられていたのだ。残念ながら、現在ではホテルからコンシェルジュは派遣されていない。しかし、管理会社によると、別のコンシェルジュ派遣会社と契約して、同レベルのサービスは継続しているという。

そういった超高級でなくても、今では数百戸規模のマンションならたいていがこの「コンシェルジュサービス」を付けるようになった。気の利いたスタッフなら、住民の顔と名前を覚えて、円滑なコミュニケーションを図る。これはマンション自体のコミュニティ形成に大きな役割を果たしている。また、日常の自然なセキュリティ機能も高める。

ただし、そういった費用はすべて管理費で賄われている。相当な額になるだろう。つまり、区分所有者がお金を出し合って管理スタッフを雇っているということだ。ここでも、税金の使い道をチェックするように、管理費の支出に対しても目を光らせる必要がある。

管理組合の民主主義は成熟するか?

話を元に戻すと、管理組合がきちんと機能するには、民主主義が徹底されていなければならない。しかし、これについて私は懐疑的である。

というのは、そもそも日本国の民主主義が健全に機能しているかどうかを考えてみると、そこには大きな疑問を感じる方が多数派ではないか。

国政選挙の投票率は六〇パーセントを切るのが常態化している。それは、多くの管理組合で総会の議決が有効となる定足数五〇パーセントを満たすのに汲々《きゅうきゅう》としている実態と重なっている。

日本国憲法では、国民の三大義務というものを定めている。中学校の社会科授業で習う内容だ。

1　保護する子女に普通教育を受けさせる義務（第二六条第二項）
2　勤労の義務（第二七条第一項）
3　納税の義務（第三〇条）

分譲マンションにおいても区分所有者になると、義務が発生する。ここであえて「区分所有者の三大義務」をあげるとすれば、以下の三項であろう。

1　共同の利益に反する行為を行わない
2　共用部分の管理に参加する（理事などの役職を務める）
3　管理費や修繕積立金を払う

規模や表面上の見え方は多少違うかもしれないが、本質は国民の義務と同じである。

分譲マンションの区分所有者になるということは、共同体の一員となって様々な義務を負うことに他ならない。そのあたりを、多くの区分所有者は理解していない場合が多い。

国政から地方の自治体まで様々なレベルの行政の場において、自己の利益や権利ばかりを主張して、他を顧みない人々や団体を見かけることが多い。あるいは、全く関心を抱かないタイプの人々も少なくない。

前述したように、民主主義が健全に機能するには国民の意識の高さが前提となる。

日本の分譲マンションにおいても、その管理運営方法は日本国憲法を淵源《えんげん》とする民主主義が基本である。したがって、分譲マンションの管理運営の実態は、今後も日本という国の民主主義のレベルとシンクロしていくはずである。そこに楽観を許す余地はない、と考えるのは私だけではないはずだ。

賃貸マンションの管理運営

それでは、賃貸マンションのほうはどうだろうか。

分譲マンションの管理運営を民主主義とするならば、賃貸マンションとして建てられた集合住宅では、「独裁専制」によって運営がなされているといっていい。ワンオーナー、もしくは一社の所有になっていることがほとんどだからだ。

そこに住む賃借人は、先にあげた「区分所有者の三大義務」のうち、

1　共同の利益に反する行為を行わない

という義務は負わなければいけない。あと、当然ながら管理費や修繕積立金ではなく「賃料」を支払う義務もある。しかし、2の「管理に参加」する義務も権利もない。ただ、そこが分譲マンションの一室であれば、オブザーバーとして管理組合の総会に参加する権利は区分所有法でも定められている。

しかし、賃貸マンションという「独裁専制」の共同体に住む賃借人は、本物の独裁専制の国家で暮らす国民にはない自由を有している。

それは、自分の住む共同体を選べる、ということだ。嫌ならさっさと出ていけばいい。

一方、現実の独裁専制国家の国民は、自国を離れる権利さえない場合がほとんどだ。そこが何よりの違いではないか。

賃貸マンションを選ぶ場合、非常に高い水準で管理運営されている物件を見つけて、そこに住むこともできる。その場合でも「管理に参加」する義務を果たす必要はない。前に紹介した「代官山ヒルサイドテラス」は、朝倉不動産という企業がそれこそ「独裁専制」で管理しているが、非常に良好な状態が保持されている。

チャーチルが「民主主義は最悪の政治体制だ」と唱えた裏側には、「民主主義は賢明な独裁者の統治に劣る」という本心があったのかもしれない。しかし、独裁者はいつでもどこでも賢明であるとは限らない。

分譲マンションにおいても、「最悪の政治体制」ではあるものの、民主主義を管理運営の基本として続けていくほかかない。

「爆買い」される日本の不動産

ところで今、大都市のマンションでは賃貸・分譲ともに外国人と同じ屋根の下で暮らすことは当たり前になっている。

中でも、日本人とマンションの未来において、今後は中国人も大きな関わりを持つことになる。日本の不動産にも「爆買い」が行われていたからだ。

中国人が日本でマンションを購入するモチベーションは様々だが、まず、一つの大きな柱は所有権だと考えられる。

日本では私有財産権というものが憲法で完全に保障されている。

私有財産権というのは、多くの日本人は空気のように当たり前にあるものだと考えているふしがあるが、実は民主主義の基本中の基本として獲得された権利なのである。

なぜなら、「国家権力が個人の財産を勝手に取り上げることができない」という権利は、長らく多くの国の人々には与えられていなかったからだ。

例えば、社会主義や共産主義は個人の財産を否定するところが出発点である。ヨーロッパでは中世以前の王権は、庶民の土地所有を認めていなかった。

一七世紀から一八世紀にかけて起きたイギリス革命やフランス革命で、市民が国王側に要求した項目の中には、私有財産権の尊重があった。それだけ、一般人の財産権というのは不安定だったのだろう。

鎌倉時代に私的な土地の「領有」を認められた小領主たちが、「一所懸命」に自分の土地を守ろうとした行為と、ヨーロッパで繰り返された革命のモチベーションは、実のところ「私有財産の保護」というベクトルで見れば同じかもしれない。

日本の不動産が買われる理由

そして現在、多くの中国人がこの国にやってきて、マンションをはじめとした日本の不動産を購入しているモチベーションのベクトルの一つにも、「私有財産の保護」があると思われる。

中国本土では、未《いま》だに基本は社会主義である。私有財産が保護されているかというと、かなり危うい状態である。

現に、土地については完全な所有権は認められていない。基本的には国家からの借地権である。制度は少しずつ変わっているようだが、私有財産を完全に認める方向にはないと考えられる。なぜなら、それは社会主義の完全な否定だからだ。

今の日本は私有財産を保護することにかけては、法治国家としておそらく世界最高水準にある。憲法第二九条第三項には「私有財産は、正当な補償の下に、これを公共のために用ひることができる」とある。実際に、この条項はかなりの水準で字義通りの運用をされている。

何といっても成田空港の歴史がそれを物語っているではないか。

一九六六年の建設地決定以来、一九七八年の開港に至るまでの激しい反対運動。いわゆる「三里塚闘争」の闘争原理の一つは、日本国憲法が認めた私有財産権を主張の根拠とした反対派農民が所有する土地の収用拒否であった。

激しい闘争は一九九〇年代にほぼ終息に至るが、現在も土地を明け渡していない「一坪地主」が存在する。

日本は、これほど私有財産を認める国なのである。

そして、外国人が不動産を購入することにも所有することにも、何の制限もない。自分の氏名と住所を登記簿の甲区に記載できれば、所有権が保護される。それが日本の不動産における私有財産保護制度だ。

ところが、中国では「道路を作る」、「鉄道を敷く」、「政府の施設を建てる」などという名目で、せっかく購入したマンションをたちどころに追い出されてしまうケースがあるという。

そういう国の人々にとって、これほどまでに私有財産権を守ってくれる日本でマンションを購入するということは、我々日本人が理解し得ないモチベーションが働くはずだ。そこには、「住む」や「投資」を超えた「私有財産」への衝動があるように思える。

だからこそ「爆買い」が起こったと私は考えている。

二〇一五年、マンション業界ではある本が話題になった。

牧野知弘氏の『２０２０年マンション大崩壊』（文春新書）である。

そこに、牧野氏の知人である「マンション会社の社員」が、都心のタワーマンションの管理組合で開かれた第一回の総会に出席した時のエピソードが紹介されている。

牧野氏の知人が役員の選任や今後の組合の活動予定などを説明し始めた時に、最高層部を数億円で購入した中国人が以下のような発言をしたそうだ。

「なぜ、この管理組合総会の議事進行は日本語で行われるのだ。私は中国人。このマンションの所有者の多くは中国人と聞いている。ならば、総会における使用言語は中国語で行うべきだ」

会場中がこの発言に凍り付いたという。

これは、すでに起こっている現実だ。これからも同様のことが起こるだろう。

確かに、中国の景気動向によって彼らが日本でマンションを買う勢いには、多少の盛衰があるかもしれない。しかし、日本が私有財産権を堅く守る国であり、彼らにとって魅力を有する国であり続ける限り、日本のマンションは買われ続ける。

だから、中長期的に見ても中国人が区分所有権を持つマンションは増え続けるはずだ。心情的には複雑に思う人もいるかもしれない。しかし、新たに法律を作るか既成のものを変えるかして、「外国人の不動産所有を禁止する」といったことはしないほうがいい。

我々はマンションという住形態の中で、国際的な多様性を育むべきだと思う。

外国人と共存するために

そこで外国人と共存するための、二つの方向性を示しておく。

一つは、可能な限り細部に至るまでルールを明文化すること。

分譲マンションには管理規約が定められている。それがマンションにとっての「憲法」にあたる基本ルールだ。その他にも、共用施設の使用法などについてはそれぞれ「細則」が定められている。

これまで外国人の居住を想定していない場合は、それらの規定はやや大雑把なものが多かったと思われる。しかし、今後はこれをできるだけ細かく定め、外国人の居住者にも理解できるようにする。英語訳や中国語訳が必要になるだろう。

管理規約の改正は、区分所有者の四分の三の賛成という高いハードルになっているが、細則の改正は普通決議（行使された有効議決権の過半数）で可能だ。生活習慣が異なる場合のトラブルは、大半が共用施設で発生すると想定できる。したがって、細則の改正で対応できるはずだ。

賃貸マンションの場合でも、細かくルールを定めるべきだろう。外国人が入居する時に細かく説明した上で、規則遵守の誓約書を提出してもらうという方法がある。堅苦しいが、これからの時代はそういうことも必要になるだろう。

以上は、いってみれば「ルールで縛ろう」とする手法。

次に、文化的に包容する、という方向性もあり得る。

つまり、「日本的なやり方のほうがみなさんにとっても快適でしょう」と説得する方向だ。

現状、外国人が少数派であるマンションでは、概《おお》ね自然とこの方向にある。いわば外国人に、日本のマンション居住「文化」に慣れてもらうのである。

私の知る限り、日本語のコミュニケーション能力の高い外国人は、国籍を問わず日本的なマンション居住の文化に馴染むことに抵抗がないようだ。

ただし、これからの時代はそういった外国人ばかりではなくなっていくだろう。

いずれにせよ、マンションに住む限り、今後ますます外国人との共存が前提となっていく。

数十年後には、日本のマンションにも外国人と共存していくためのノウハウと経験が積み重なり、新たな「国際居住」の文化が生まれることを期待したい。

第四章　儲けるためのマンション

郊外の新築マンションは一〇年で半額に

これは想像でも予想でもなく、現実に起こっている話である。

例えば、首都圏の場合。山手線の主要駅から私鉄でおよそ二〇分超、駅から徒歩一〇分超の中古マンションの価格を調べてみるといい。主に千葉、埼玉方面では築一〇年以上の中古マンションの価格は、概ね新築の半額から六割程度である。近畿《きんき》圏でも奈良や滋賀方面では同様の現象が見られる。

今はまだ「新築の半分なら」と、そういう中古マンションを買う人もいる。でも一〇年後はどうだろう?

この「築一〇年以上の物件が新築の半額」というエリアは、今は少し不便な場所に限られている。しかし、このままマンションは増え続けるのに、都市圏の人口は減るか、よくて横ばい。そういった供給過剰が一〇年も続くと、この「半額エリア」はどんどん都心に近寄ってくる。需要と供給のバランスを考えれば、当然のことである。

そして今の「半額エリア」は、一〇年後には「七割減エリア」になっている可能性が高い。もっとも、そういう少し不便なエリアでは、新築マンションの供給が激減している。おそらく、五、六年後にはほとんど供給されなくなるはずである。今でも多くのデベロッパーは、郊外エリアでの事業を避けている様子が窺《うかが》える。

そして、現在はまだ中古マンションの市場価格が崩れていない近郊エリアが、一〇年後には「半額エリア」に組み入れられる可能性が高い。

そんなエリアで新築マンションを自己資金が一割程度、三五年返済の住宅ローンを借りて購入するとどうなるのか？

それは誰が考えても分かること。購入直後からローンの残債が資産価値（売却可能価格）を上回る逆ザヤ状態。それがずっと完済直前まで続くことになる。つまり「売ろうにも売れない」という状態。そういったことは何としても避けるべきだと思う。

そもそも住宅ローン「三五年返済」というシステムが、現在ではかなり非現実的である。今の時代、誰が三五年もの安定収入を期待できるというのか。日本を代表するような大企業でも、経営不振に陥れば人員を整理する。三五年の安定収入など、今や公務員以外にはほぼあり得ない将来予測ではないか。

また、この「三五年ローン」というのは、不動産価格が右肩上がりに上昇していた「土地神話」時代の遺物である。購入した物件の価格が年月を経るごとに上がっていくのなら、いつでも売却して一括返済できる。そして売却益も得られる。しかし、これからは「売ると損をする」時代。

今は長くても二〇年程度の返済期間でローン利用を考えるべきだと思う。どうしても「三五年返済」が必要なら、アメリカのように「物件を債権者に引き渡せば借金はチャラ」になるノンリコースローンにすべきである。そうすれば、住宅ローンが原因での自己破産や自殺といった悲劇が防げる。日本の住宅ローンは、資産低減のリスクを購入者に一〇〇パーセント背負わせているところに大きな問題がある。

かつての日本には、数年分の賃金を親が先取りしてしまう年季奉公という悪弊があった。途中でやめるには、先取りした賃金の残額を一括返済しなければならなかった。

この三五年ローンというのは、マンションデベロッパーが先に銀行からマンション販売額の全額を受け取り、その後購入者が三五年もかかって利子と元本を払い続けなければいけないシステムだ。途中でやめるには、やはりローンの残債を一括返済しなければいけない。どこか年季奉公と似たシステムだ。

三五年ローンがマイホーム需要を急拡大

一九五〇年、一般消費者の住宅購入を金融面で支援するために住宅金融公庫（現独立行政法人住宅金融支援機構）が設立された。「三五年ローン」が、この住宅金融公庫によって「発明」されたのは一九六〇年代だとされている。

この「三五年ローン」によって、マイホームは一般消費者にとってかなり身近な存在になった。それまで「頭金を三割貯める」という買い方が当たり前だったのが、わりあい少ない自己資金でもマイホームが購入できるようになったのだ。そうなることによって、マイホームへの需要が爆発的に増大したわけである。

逆に、マンションを供給する側からすると「作れば売れる」という市場環境になった。企業は常に利潤を求める。儲かる事業があれば、どんどん参入してくる。

実際のところ、マンションの開発分譲（デベロップメント）という事業には、特に難しいノウハウがあるわけではない。だから、景気がよくなって売れ行きがよい時期には、あらゆる業種の企業がマンション開発事業を行う。しかし、不況になって売れなくなると次々に撤退する。その一方、マンション分譲が専業である企業は、短期間で経営を悪化させて倒産してしまう。マンションデベロッパーの数はピークの二〇〇一年には全国で四二九社を数えたが、リーマン・ショックを経た二〇一三年には一八六社まで減ったことを見ても、それは明らかだ。

マンションが分譲されるまでの流れ

マンションの開発分譲が、どのような流れで行われるかを簡単に説明しておこう。

まず、何よりも土地が必要である。実は、この「用地取得」が最も難しいのだが、ここではひとまず置いて先に進む。

土地が手に入ると、次は設計である。建築には様々な規制がある。土地の広さに対してどのくらいの大きさの建物を建てられるかという建ぺい率、あるいは全部の床面積は最大何平方メートルなのかという容積率。そして地上から何メートルまでの建物を建てられるかという高さ制限もある。設計事務所は、それらを踏まえて図面を引く。

設計図が完成すると、審査機関に提出して建築確認を申請する。審査機関は、その昔はお役所だけであったが今は民間団体に申請することも可能だ。彼らが提出されたマンションの設計図を審査し、建築基準法などの規制に適《かな》ったものかを判断して、問題がなければ建築確認を下す。

建築確認を申請するためにはその前段階として、近隣住民に対して説明を行う義務がある。俗にいう「近隣対策」である。ここで紛糾するケースはよく見られる。地元で強力な反対運動が起こり、計画が予定通りに進まないケースも珍しくない。

しかし、設計図が各種規制に違反していない限り、建築確認が下りるのが通例。反対運動側が勝利するケースは皆無ではないがほとんどない。ただし建築確認が遅れたり、審査が厳しくなることはよくある。デベロッパーにとって、反対運動が盛り上がることは頭痛の種になる。

設計が決まると、それを元に建設会社から見積もりを取る。発注先が決まると、建築コストの詳細を詰めて、最終的な発注額を確定する。

それらの手続きが終わってから着工。ほぼ同時に購入者を募集する広告が始まる。

デベロッパーとしては、竣工《しゅんこう》するまでにすべての住戸の売買契約を締結するのが理想。なぜなら、竣工後速やかに購入者に引き渡すことによって、販売代金を回収できるからだ。土地の購入や建築費の支払いは銀行からの融資で賄っている場合がほとんどなので、できるだけ早く返済して金利負担を軽減したいのだ。

そのため、建築期間中でも販売活動が行えるように、敷地の外の便利のいい場所に「モデルルーム・販売センター」がプレハブ工法で設置される。販売活動の拠点だ。

近年では、このモデルルームのことを「マンションギャラリー」や「プレゼンテーションルーム」と称するケースが多くなった。中身は同じである。

実は、この敷地外のモデルルームを設置するためには莫大《ばくだい》な費用がかかる。規模によって異なるが、数千万円から一億円以上の場合もある。

更に、購入者を募集するための広告宣伝費も、かなりの出費だ。目安としては一住戸に付き一〇〇万円程度。例えば、一〇〇〇戸の規模の分譲マンションでは一〇億円の広告予算がある。

そのような場合、「二億円くらいかけて有名タレントをイメージキャラクターに起用するか」ということになるのである。

新築分譲マンションの価格には、それらの費用がすべて含まれている。購入者は、販売が終われば取り壊されるモデルルームや、広告のイメージキャラクターにかけられたコストなどをすべて加算された販売額を支払って、新築分譲マンションを手に入れることになる。

極めてハードルの低いマンション開発事業

さて、マンション開発事業における土地の購入から設計、近隣対策、建築確認、建設発注、広告展開、販売活動、そして契約までの流れを見ていると、そこには膨大なノウハウがあるように見える。しかし、実のところはたいしたことはない。

例えば、不動産とは全くビジネスの内容が異なるアパレルメーカーでも、その気になれば半年後からマンションの開発事業を開始できる。

まず、マンションの開発分譲を行うための事業免許はたった一つ。

「宅地建物取引業免許」

これは、各都道府県知事もしくは国土交通大臣が認可する。そう書くと難しいと思われるかもしれないが、実は街の不動産屋ならどこでも持っている事業免許である。

認可基準は簡単だ。まず、事務所があること。そして、従業員五人に一人以上の割合で「宅地建物取引士」という国家資格を持っている者を置くこと。よく「タッケン」と呼ばれている、不動産屋の資格である。それと、業界の保証機関に保証金や入会金など一五〇万円程度を支払うこと。あとは、申請者に犯罪歴がないこと（犯罪歴があっても、刑の執行を終えてから五年経過していれば申請可能）などだ。

つまり、「タッケン」資格を持ち、マンションの一室を借り、一五〇万円のお金があれば、誰でも宅地建物取引業の事業免許が取得できる。そして、これさえあれば賃貸アパートの仲介から都市開発まで、不動産業のすべてが行える。もちろん、新築マンションの開発分譲事業も、この免許さえあればＯＫだ。

「宅地建物取引士」の資格も、その取得はさほど難しくない。不動産会社に就職が決まった大学生や、パートの時給を上げげたい主婦がちょっと頑張れば合格できるレベル。従業員が一〇〇人以上いるような企業であれば、その会社が不動産業ではなくても一人や二人くらい有資格者がいる可能性が高い。いなければ、新たに雇うのも簡単。大きな不動産会社に勤めた経験があれば、営業職でなくても「タッケン」を取得している人は多い。

資金があれば素人でもできる

このように宅地建物取引業の事業免許は、事実上誰でも取得できる。

では、マンション開発事業を始めるにあたっての最初の関門である用地の取得はどうするのか？

実は、マンション開発事業を行うための資金さえ用意できれば、すべてをパッケージで行ってくれる企業がある。

まず、事業用地を探してきて大まかな設計図面を作り、建築コストを算出。市場調査を行って「いくらで売れるか」という想定価格を設定。「この土地を買って、こんなマンションを作って、坪単価○○○万円で販売すると、最終的に○○億円儲かりますよ」という事業計画書を作成して、提案してくれるのだ。

だから、不動産にはまるで素人の企業でも、その提案に乗っかればマンション開発事業が簡単に行える。用地はその会社が探してくる。設計と施工もそこが行う。エンドユーザーにそのマンションを売る販売会社はそこの子会社。引き渡し後の管理業務もその子会社が受託する。もちろん、近隣対策もやってくれる。手慣れた広告代理店も紹介してくれる。

つまり、事業主としてはお金を出して会議に参加していればＯＫ。そこが提案した通りにマンションが売れれば、土地を購入する資金や建築費を出してから約二年後には、数億円の利益が上がっているというワケだ。

いってみれば、マンション開発事業をトータルパッケージで代行してくれる企業が、この国には存在する。そして、この方式で開発分譲されているマンションが、市場全体の二割以上を占めていると推定される。

その会社とは「長谷工コーポレーション」である。

この企業は一九六八年にマンション開発事業を始めてから二〇一六年末までに、トータルで実に約六〇万戸ものマンションを建設してきた実績を持つ。これは、日本全体でこれまで供給された分譲マンションの約一割に迫る。もちろん、これは日本で一番だ。

「長谷工プロジェクト」というマンション開発

一般人が住むためのマンションづくりをリードしたのは、一九八〇年代まではほぼ公団(現UR都市機構)だといってもよいだろう。しかし、一九九〇年代以降は長谷工コーポレーションがそのポジションを引き継いだといっても過言ではない。

「マンションのことなら長谷工」

そんな歌声が繰り返されるテレビCFを見たことがある人は多いだろう。そのメロディーとともに、強烈な印象を植え付けるあのCFだ。

そして、あのCFが謳《うた》っているフレーズにも偽りはない。何といっても、日本で最も多くのマンションを建設してきて、今でも作り続けている企業が長谷工コーポレーションなのだから。

なお、作ってきたから分かるんだ、とも言っているが、それもその通りだろう。日本で最もマンションのことを分かっている企業が長谷工コーポレーションかもしれない。

そして、マンションの開発分譲事業を今のような形に導いてきたのも長谷工コーポレーションなのである。

私は、長谷工コーポレーションが主導して、他業種からの参入組が事業主となっているこうしたマンション開発を、自分のブログや資産価値レポートの中で「長谷工プロジェクト」と呼んでいる。

郊外で行われる二〇〇戸規模以上の大型案件で、売主企業に首都圏以外の私鉄子会社が名を連ねるマンション開発は、ほとんどが長谷工プロジェクトだ。概要を見ると、「設計」と「施工」には決まったように長谷工コーポレーションの社名が表示されている。

長谷工プロジェクトには分かりやすい特徴がある。

まず、容積率の消化が絶対条件。規制いっぱいの床面積を作り出すこと。次に、建築コストを抑えるために、できるだけ単純な配棟計画とする。更に、敷地内にはなるべく多くの平面式の駐車場を作る。それが一番安上がりだからだろう。緑地面積は決して広くない。敷地の縁に沿って単純な板状の建物がドカンドカンと配置され、空いたスペースはほとんどが平面駐車場になっている情景は、時に郊外型のショッピングセンターを思わせる。

住戸のほとんどは「田の字」と呼ばれる中央に廊下を配置した3LDK。リビングが縦になっているか横になっているか、あるいは角部屋か否かといった違いしかない。この「田の字」プランについては、この三〇年ほどほとんど進化していない。

そして、この長谷工プロジェクト的なマンションの作り方は、他社も郊外型マンション開発ではこぞって模倣している。長谷工コーポレーションが主導する長谷工プロジェクトでなくても、「まるで長谷工プロジェクトか」と思わせる、郊外の大規模マンションが今でも陸続と作られているのだ。

マンション業界のユニクロ

私は、マンション購入の相談を受けることも業務の一つとしているが、長谷工プロジェクトの物件について聞かれると、こう答える。

「マンションのユニクロだと思ってください」

価格の割には品質が安定している。ただ、デザインよりも価格優先。時々の流行を少しだけ取り入れているが、一〇年も経つと陳腐化しているように、私の目には映る。

マンションというのは一物件一物件、個性があっていいはずだ。それぞれの立地や周りの風景に合わせて、外観や造形の美しさに配慮すべきだと思う。また、永くその姿を街並みの中にとどめるのであるから、建築物のデザインというのは総じて公益性の高いものではなかろうか。

だが、長谷工プロジェクトのマンションは、どこの物件を見ても同じようなものばかりに見える。まるでユニクロのように、際立ったデザイン性を排除しているように思える。

マンションは工業製品ではない。人間が健やかな暮らしを営む住まいである。本来は、立地や日当たりに合わせて一戸一戸設計図が違ってもいいはずだ。しかし、ほとんどの長谷工プロジェクトのマンションはまるで工業製品だ。どれもみな同じような設計と工法で作られ、同じような設備が据え付けられている。

長谷工プロジェクトのマンションも、日本が作り上げた一つの住宅文化であるかもしれない。ただその発想や手法は、住宅という分野で質や造形よりも量の供給を要求されていた三〇年前とほとんど変わらない。

また、長谷工プロジェクトに限らず、郊外で大規模な新築分譲マンションを建設する、というビジネスモデルも、すでに時代の要請に合致していない。

日本全体で住宅が八〇〇万戸も余っている時代に、将来廃墟やスラムになる可能性が高い郊外型の大規模マンションを市場に供給する行為は、私には理解しがたく、もしこうした状況が今後も続くとしたならば、日本の未来はかなり危ういと思う。

また、そういうマンションを三五年ローンで買った場合、購入後数年でその資産価値がローンの残債を下回る可能性も少なくないが、その場合、購入者は、人生の選択肢が「ローンを払い続ける」ということしかない現実をかみしめながら、生きていくことになる。

このようなマンションは、購入者を選択肢の少ない人生に縛り付けるタイプのマンションということになるが、そうしたマンションが多く存在するということが日本人にとって幸せなのかどうか、私たちはもう一度考えるべきではないだろうか。

新築マンション分譲のＪＶとは

新築マンションの売主企業が複数になっている場合、業界内ではＪＶ（ジェーブイ）と呼んでいる（図2）。ジョイントベンチャーの略語で、日本語でいうと「共同企業体」だ。分かりやすくいえば、「共同売主」。

例えば、傾斜問題で建て替えられることが決まった「パークシティＬａＬａ横浜」というマンションは、売主である三井不動産レジデンシャルばかり話題に出るが、実はもう一社売主が存在する。それは明豊エンタープライズという会社。この二社のＪＶだった。

この「パークシティＬａＬａ横浜」の場合、売主の幹事会社はもちろん三井不動産レジデンシャル。幹事会社というのは「売主筆頭」という意味。普通は、出資比率が一番多い企業が幹事になる。

ここの場合は二社だが、中には四社五社の場合もある。「長谷工プロジェクト」では、四社以上の場合も珍しくない。こういう場合、長谷工コーポレーションも出資比率を五パーセントにしてＪＶに参加することが多い。他のＪＶ参加社に対して、「当社も売主の一

図2　マンション売買をめぐる関係図

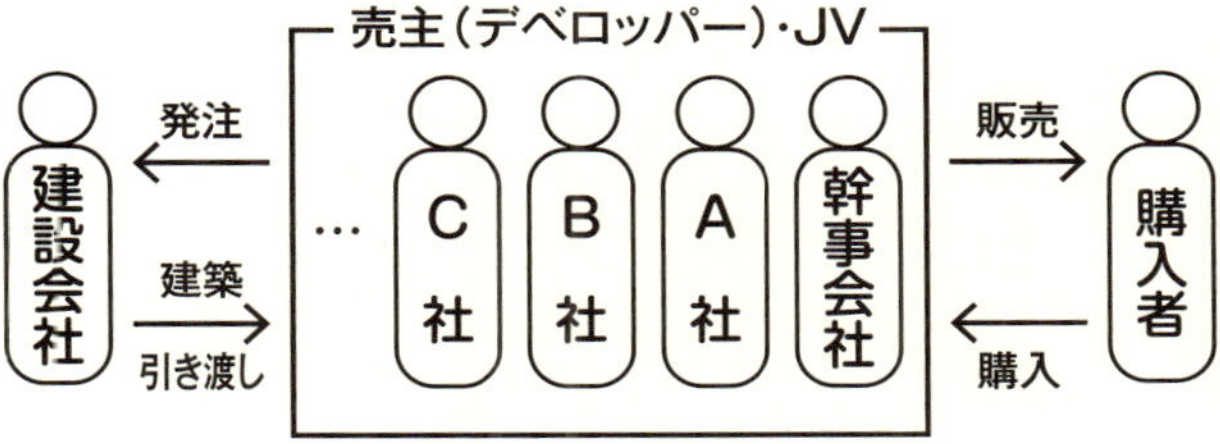

社としての責任を担い、しっかり事業を進めます」という意味らしい。

　ＪＶ（共同売主）であるかどうかは購入者にとってどうでもいいようなものだが、時には大いに関係ある場合もある。それは、値引き。

　販売が不振になって値引きに突入する場合、ＪＶだと複雑だ。いくら値引きするか、というのは基本的に売主の判断。例えば、四社のＪＶだったら、四社すべてがウンと言わないと値引きにならない。中の一社がどうしても「値引きは嫌」とゴネた場合、値引きは不可能。すると販売期間が長引き、いつまで経っても完売できないでズルズル半年から一年経過……というのはありがちなケースだ。

　また「入居後に重大な不具合を発見」という場合も、売主全社の共同責任。

どこまで補修に応じるか、という微妙な判断も全社一致が原則。なぜなら、その出資比率に応じて費用を負担するのは売主企業だから。

ただ、たいていの場合はゼネコンに補修を押し付けて終わりだ。

補修で何とかなる不具合だったらいいのだが、「パークシティLaLa横浜」のように「建て替え」を必要とする不良建築だった場合は大ごとである。共同売主である明豊エンタープライズにも幾分かの負担が発生する可能性もある。

仮にこれが施工会社の参加するタイプのJVだったらどうなったのか。施工会社以外の売主は、「それは施工会社でもあるオタクの責任でしょ」と言い出して揉めるかもしれない。

かなり複雑なことになりそうだ。

JV型の開発というのは、責任を一社で背負い込みたくない売主企業の「リスクヘッジ」。あるいは、サラリーマンの「責任回避」的な臭いが濃厚な「なれ合いプロジェクト」に見える場合も多い。

失敗しても、担当者と担当役員が社内に対して「ウチだけじゃないし」あるいは「○社も入っていたので」なんていう言い訳ができるプロジェクトなのだ。

一方、購入者にとっては何かの交渉をする際には売主が複数いるので話が面倒、というデメリットが大きい。

ただ、売主が四社も五社もあれば、中には一〇年以内に倒産したりM&A（合併・買収）されてしまう企業が出てくる可能性も少なくない。現に、リーマン・ショック直後の長谷工プロジェクトでは、JV企業が何社も倒産してしまって長谷工コーポレーションが幹事、みたいなケースもあった。

JV各社は民法でいうところの連帯保証責任を負っている。どこかが倒産したら、その分を他社が出資比率に応じて取得する。だから、一社でも生き残っている限り、購入者としては「倒産企業のマンション」とはならない。

購入者にメリットがあるとすればそれくらいだろうか。

新築マンション市場の不透明性

マンションといえども、その価格は市場が決める。少なくともそうあるべきだと私は考えている。しかし、現実には異なる場合もある。

更にいえば、マンションの場合はその「市場」自体がよく見えない構造になっている。

ここでは新築マンションの市場について、その透明度を考えてみたい。

まず、新築マンションの価格はどうなっているのか。

販売価格を決めるのは、もちろん売主である。よく、「マンションの利益率はどれくらいですか?」と聞かれるので、簡単に説明しておく。

結論からいえば五パーセント〜三〇パーセント以上まで、様々なのである。その昔は一五〜二〇パーセントという基準があったが、今はそれが崩壊している。

まず、三〇パーセント以上もの高い粗利を設定していると推定される大手デベロッパーが二社ほどある。これはあくまでも推定なので、企業名は伏せる。

なぜそれが分かるかというと、その二社ともが上場企業なので決算資料が公開されているからだ。その中の営業利益や部門別の利益率から三〇パーセント以上という数字を推計した。

ただ、粗利を三〇パーセント以上に設定すると、市場価格からは全く乖離《かいり》した高値になってしまう。もちろん売れない。竣工して何年も売れ残ることが当たり前になっている。

この高値路線をとるうちの一社である財閥系大手デベロッパーの場合、竣工時に完売していると事業担当者が上司から叱責《しっせき》されるという。

「どうしてそんな安い価格に設定したのか。事業計画が甘かったのではないか」

そのデベロッパーでは、竣工後二年くらいで完売するのが理想だという。

私から見れば、そこの出すマンションはだいたい相場より一割以上高い。二割以上ということもある。それでも、ほとんど値引きをせずに竣工後何年でも販売を続けている。

販売担当者は、訪れた客にこう言うそうだ。

「ウチはいいものを作っているので、高くても当然です」

業界関係者たちは、そんなことを信じない。

「あそこは竣工販売（物件が完成してからの販売）を見越しているから、エントランスホールだけはどの物件もすごく豪華だな」

実際その通りである。仕事柄その売主のマンションをいくつも見てきたが、エントランスホールは立派。まるで都心の一流シティホテル並みであることが多い。大規模タワーマンションなら、フロントで受付をしている女性もたいていは美人だ。

しかし、高い理由は「いいもの」を作っているからではなく、単純に売主企業が利益を乗せているからだ。決算資料がそれを物語っている。そのデベロッパーが分譲しているマンションの中で、よく見えるのはエントランスホールだけだといっていい。住戸内などは他のデベロッパーと特に変わらないことがほとんどだ。

それでも、彼らの言うことを信じて購入する客が現れるので、このビジネスモデルは成立している。結局、高い買い物をした購入者は、何年か経てばそのことに気付いて後悔することになるだろう。

利益を上げなくてもいいデベロッパーがある?

では利益率五パーセントとはどういうケースなのか。

これは「大手優良企業の子会社」であるデベロッパーが開発分譲事業を行う場合に多い。主に、私鉄の子会社。あるいは警備会社の子会社。

こういった企業は、会社として決算上の利益を上げることを求められていない。「赤字でなければいい」というスタンスなのだ。なぜなら、利益は親会社の本業で十分に上げられるから。

では、なぜマンションを開発分譲する子会社を作って経営しているのか。その理由は、社員の出向先確保であると推測できる。

私から見ると、鉄道会社というのはまるで役所である。民間企業の持っている競争社会の空気がほとんど感じられない。そういうところで二〇年も過ごすと、学歴は高くても「全く使えない」状態になる社員が出てくるのだろう。そういう社員に本社でポストを与えるわけにもいかないので、不動産業を行う子会社を作って出向か転籍させる。

そういう社員が天下ってきた私鉄系デベロッパーが、魑魅魍魎《ちみもうりょう》が跋扈《ばっこ》する不動産業界の中で他社を出し抜いてマンション事業用地を購入するなどという、業界特有の技が使えるはずもない。仮に、経験者を雇ってそういうことをやらせるにしても、上司がダメ社員なだけに決済が遅すぎる。いい案件は即決でなければ買えないのが不動産業界だ。

したがって、他社から持ち込まれた事業に乗るしかない。そして、そういう事業は持ち込んだ会社が美味しいところをごっそり抜いているので、利益率も低くなる。それでも、親会社に対して開発事業をやっているポーズをとらなければいけない。だから利益率が五パーセントの事業企画にも乗る。

一方、マンションを開発分譲することが本業である専業のデベロッパーは、最低限一五パーセントの粗利で事業計画を立てないと、最終的にそのプロジェクト自体が赤字になってしまう。専業デベロッパーは事業用地が買えなかったり、あるいは買った用地で事業化したマンションがきれいに売れないと、すぐに決算が赤字になる。そして倒産してしまう。

マンション開発事業の利益が五パーセントから三〇パーセント以上と差があるのは、業界がこういった歪《いびつ》な構造になっているからである。

マンションの仕入れ値

では、このマンションの販売価格における利益以外の部分はどうなっているのか。

つまり、マンションの「仕入れ値」の構造である。

これは、主に土地代と建築費である。マンションが都心に立地していると土地代のほうが高い場合もあるが、たいていは建築費が最も重いコストになる。

不動産業界では、土地を売買する際に「一種〇〇〇万円」という独特の判断基準がある。これは、その土地に建てられる最大床面積の坪当たりの価格である。

一〇〇坪の土地で容積率が四〇〇パーセントの場合、その土地には最大四〇〇坪の床面積を持ったマンションを建設できる。その土地の購入費が四億円であれば、それを四〇〇坪で割って「一種一〇〇万円」ということになる。

なぜこの「一種〇〇〇万円」という基準があるのかというと、不動産業界ではマンションの建築費を坪単価で計算するからだ。これが現在ではおよそ一一〇万円程度を目安にしている。一種一〇〇万円の土地を買うと、坪単価一一〇万円の建築費を想定して「土地＋建築」の原価が坪二一〇万円になる。

この他に設計料、販売手数料、モデルルーム建設費、広告宣伝費などがかかってくる。これらを合わせたコストは、最終的なマンション販売価格の一五パーセント程度である。

こういったコストを積み重ね、更にデベロッパーの利益を上乗せして販売価格が決定される。一種一〇〇万円で仕入れた土地なら、マンションの販売価格はおおよそ坪単価三五〇万円。二〇坪の３ＬＤＫなら七〇〇〇万円ということになる。

客に「買わせる」のがマンション業界

今の時代、新築マンションの広告宣伝における主要メディアはインターネットである。購入を検討するエンドユーザー側も、まずネットでマンションを探す。その際に、必ずといっていいほど経由するのが、「SUUMO（スーモ）」や「HOME'S（ホームズ）」、「Yahoo!不動産」といったポータルサイトである。

こういった新築分譲マンションを「まとめて見せる」サイトは乱立気味である。主なものは先にあげた三つだが、他にもいくつかある。このポータルサイトの乱立は、マンションデベロッパー側にとっても、エンドユーザー側にとってもメリットが少ない。

マンションデベロッパー側からすれば、販売中のマンションをできるだけ多くの人に知ってもらいたいので、多くのサイトで紹介して欲しいと考える。しかし、ほとんどのサイトは広告掲載が有料なので、紹介サイトを多くすればそれだけ広告費がかかる。

一方、エンドユーザー側も、どのサイトで探せば効率的なのかと迷う。どこか一つのサイトに集約してくれたほうが使いやすい。

こういったことは、マンション業界の団体が仕切ってサイトを一つにまとめてしまえばよいとかねがね考えているのだが、それはできそうにない。この業界、何ともまとまりがない。自社さえよければいいというエゴイズムが強く、どこの企業にも、「この業界を発展、進化させていこう」といった意識をほとんど感じない。

「買わせる」「ハメ込む」「殺す」

ただ、各企業の事業姿勢の中で驚くほど共通しているところがある。それは「消費者軽視」。

不動産業界に生息する人々の感覚は、エンドユーザーにマンションなどを「買っていただく」というよりも「買わせる」というものに近い。

販売センター内でのスタッフ間のやり取りを聞いていると、如実にその意識が感じ取れる。

「この最上階の高いところは、あの医者に買わせよう」

「この安いところは、年収の低いあの○○さんをハメるしかないな」

「××さんは予算〇〇〇〇万円とか言っているけど、自己資金をため込んでいるからもっと高いのを買わせよう」

こういう会話が日々交わされている。「買わせる」、「ハメ込む」なのである。ひどいのになると、案内した物件の契約にこぎつけることを「殺す」という。

そこには「買っていただく」という謙虚な意識はほとんど感じられない。

冷静な判断力を失わせるモデルルーム営業

ところで、私はマンション購入に関する相談を、有料と無料で行っている。無料相談はメールで行う。私のブログへメール形式で寄せられる相談に、一回だけ無料でお答えしている。

有料の場合は事務所においでいただいて面談する。一時間一万八〇〇〇円だが、まあ二時間くらいが平均。追加料金はいただかない。ご納得いただけるまでお付き合いする。

こういう相談を受けていていつも思うことは、エンドユーザーとマンション販売業者の情報非対称性。マンション購入についての基本的な知識がなさすぎるエンドユーザーと、海千山千のマンション販売業者が、モデルルームという販売側のホームグラウンドで戦っているのだ。どちらが有利かは自明。

最近あった相談の事例を紹介しよう。相談者は四〇代前半男性。ご家族は、奥さんと小さなお子さん二人。一億円弱の新築マンションを検討されていた。ところが、自己資金は約六〇〇万円。年収は二〇〇〇万円程度。残りを変動金利〇・七七パーセントの三五年ローンで借りると、月々の返済は二五万円弱。確かに払える。

しかし、払い終わるのは七〇代後半。定年後はどうするのですか、とお聞きしたら「どこかで売却を……」という想定。

明らかに無理がある。どこかで破綻するのが目に見えている。しかも検討物件はバブル価格。駅からも近くない。私から見れば一〇年後には半値に落ちていることが確実。

話を詳しく聞くと、二か月前には営業担当者から頭金は一割が絶対必要と言われていた。約一〇〇〇万円だ。だが、彼は六〇〇万円しか用意できない。それが一か月前に「六〇〇万円でも今なら大丈夫です」と豹変《ひょうへん》。ただし、「〇〇日までに振り込んでください」と短い期間を切られた。

そのマンションの竣工は一年半も先。なぜそんなに急ぐのか？　契約を急ぐのは不動産営業の常套《じょうとう》手段。冷静に考える時間を与えると、客が迷い出して買わないケースが多いからだ。「〇〇日に決めてもらわないと社内の稟議《りんぎ》が下りません」、「他に検討しているお客様が何人もいらっしゃいます」というのがお決まりのトーク。

別の相談者は、購入してしまったマンションをすぐに売りたいと考えた。その物件はある大手不動産会社が分譲した。子会社の販売会社社員である担当者に相談すると「すぐに売りなさい。でないと価格が下がります」。ところが、その大手不動産会社の系列ではない別の仲介業者に聞くと「二、三か月住んでからでも、売却価格は変わりませんよ」。それで迷って私のところにやってきた。

これには少し笑えた。大手子会社の販売担当者は、すぐに売ってもらえると自社の仲介部門が仲介を受注できることになるから売り手と買い手の両方から手数料が得られる、と考えたのだろう。

一方、別の仲介業者はそれが見えていたから「一度住んでから」と勧める。一度住んでから売るとなるとその相談者と購入時の販売担当者が疎遠になるので、自社が専任媒介の契約を取りやすくなる。すると少なくとも売り手側だけの手数料は得られる可能性が高くなる。つまり、どちらも単に自分に都合のよい動きを勧めているだけなのだ。

一般の方が不動産取引で業者と対等に渡り合うのは並大抵のことではない。まず、冷静になること。時間をかけること。必要なら専門家に相談することである。

価格は来訪者にしか教えない

一方、広告では自分たちにとって都合のよい情報しか公開しない、という悪弊もまかり通っている。

例えば、駅から離れていて幹線道路沿いで近隣には工場ばかり、といったマンションがあった。その物件のオフィシャルページには、竣工後に敷地外のモデルルームが閉鎖されるまで「現地案内図」が表示されていなかった。出ていたのは駅前の便利な場所に作られたモデルルームの案内図だけ。概要に出ている住所は、郵便物などに使う住居表示ではなく、登記簿に使われる地番。これではエンドユーザーにはそのマンションがどこにできるのかが分からない。

マンションの資産価値は、九割が立地で決まる。「どこにできるのか」ということは、そのマンションにとって最も重要な情報なのである。それさえも、平気で隠してしまう。それも大手のデベロッパーが堂々とやっていたことだ。

立地と同じくらい重要な情報は、価格である。

「いったいいくらなのか？」

エンドユーザーからすれば、予算に合えばモデルルームを見学したいと思うだろうし、高すぎればわざわざ見に行くこともない。せっかくの休日の限りある時間を、買う可能性の薄い物件のモデルルームで過ごしたくはない、とは誰しもが考えること。

ところが、多くの新築マンションでは、オフィシャルページやその他のポータルサイトでも価格が表示されていないことが多い。特に、住戸の図面とともに価格が表示されているケースは珍しい。

電話をかけて尋ねても、まずは教えてもらえない。

「モデルルームにお越しいただければご提示できます」

そんな答えが返ってくるはずだ。

なぜ、そんなことが許されるのか。実は、この業界には販売業者にとって一方的に有利な取り決めが存在している。

「予告広告」という曲者

分譲マンションの広告には、二種類ある。それは、「予告広告」と「本広告」だ。「本広告」というのは、普通の広告。何を、いくらで、誰が販売するかをしっかりと表示しなければいけない。当然、価格も表示することが決まりだ。ただし、そこで最低限の要件を満たすためには、小さな文字で記された「概要」というところに、売り出し物件の最低価格と最高価格、そして最多価格帯のみを表示すればいいことになっている。

したがって、「価格をなるべく見せたくない」という場合は、ネット上でも折り込みチラシなどでも、最も目立たない概要の部分だけに、小さな文字でひっそりと価格が表示されている。しかし、それでも見る人が見れば大まかな価格を知ることができる。

まだ、「本広告」の場合はいいほうだ。曲者は「予告広告」というものだ。

現実的に、日本全国で販売されている新築マンションのオフィシャルページやポータルサイトの紹介ページにおいては、約半分くらいは「予告広告」の状態ではなかろうか。

特に、広告を始めて半年に満たないマンションは、九割以上が予告広告としての情報が表示されている。

では、この「予告広告」とは何か。

それは、建前上「まだ販売価格が決まっていないので、みなさんに販売することはできませんが、物件の内容をお知らせしています」というスタイルの広告なのだ。

しかし、この「予告広告」は建前通りでない場合がほとんどだ。

オフィシャルページでは予告広告が表示されているが、モデルルームに行くと価格表を見せられて購入の意思を確認される、ということが当たり前に行われている。

つまり、予告広告はデベロッパー側が「価格を表示せずに販売したい」場合に使われている。

よくあるケースは、ネットのオフィシャルページでは「第三期」、あるいはそれよりも遅い期の予告広告が表示されていて、価格はおろか管理費や修繕積立金すら表示されていないような場合。ところが、建物は竣工していて、すでに入居も始まっている。

こういうマンションの管理費や修繕積立金が「未定」であることはあり得ない。ましてや、価格が決まっていないこともあり得ない。「第三期」で販売する住戸の戸数は決まっていなくても、面積や間取りは表示されているのだ。

そして、モデルルームに行くと「これは以前に販売していた住戸ですが」と、「第一期」とか「第二期」で売り出されたけれども契約されなかった「売れ残り」住戸の契約を勧められる。これはもう、立派な営業活動であり、販売行為だ。

しかし、オフィシャルページでは「契約または契約のお申し込みや予約は一切できません」という予告広告が表示されているのだ。これでは「虚偽表示」ではなかろうか。

エンドユーザー側からすれば、モデルルームに足を運んで販売担当者とひざ詰めで商談しない限り、「どの住戸が売り出されていて、その価格がいくらなのか」という、最重要な情報が得られない、という仕組みだ。

この「予告広告」というのは、ほとんどのケースで「予告」でも何でもない。ただ、販売側が「価格」という最重要の情報を知らせない隠れ蓑《みの》に使われているだけだ。

私はかねがね、この「予告広告」という、エンドユーザー側が一方的に不利な広告のルールを改めるべきだと主張してきた。しかし、業界にはもちろん、国土交通省などの監官庁にもそういった動きは一切見られない。

購入者の不信感は募る一方

二〇一五年に起きた「パークシティＬａＬａ横浜」の傾斜問題で、管理組合の集会に謝罪のためにやってきた三井不動産レジデンシャルの社員たちは、怒った区分所有者に「なぜお前たちが座っているのか」と怒鳴られ、会が終わるまで数時間立ち続けたという。信じてきたデベロッパーに裏切られたという怒りが大きいことは理解できる。しかし、その根底には、エンドユーザー全体がマンション業界全体に抱いている不信感があるように思える。

大学生の就職したい企業の人気ランキングといったものが毎年何種類も公表されるが、上位三〇位以内に不動産会社が一社でも入っているケースはまれだ。それも三井不動産か三菱地所であって、決してマンションデベロッパーである三井不動産レジデンシャルや三菱地所レジデンスではない。

新築マンションのデベロッパー業界は、長年の間「予告広告」に見られるような、エンドユーザーを軽視して半ばだまし討ちにするような営業手法を取ってきた。しかし、そういった悪《あ》しき商習慣が、結局はエンドユーザーの間に強い不信感を植え付ける結果になっているのではなかろうか。これが「パークシティＬａＬａ横浜」のような事件が起きると、一気に噴出する。

デベロッパー側はエンドユーザーを舐《な》めきって、長年の間「買わせる」、「ハメ込む」を続けてきた。しかしそれは、業界全体がエンドユーザー側に決してリスペクトされない不幸な関係を構築してしまったように思える。

「囲い込み」という悪徳慣習

新築マンションの販売現場で蔓延《まんえん》している「消費者軽視」の商習慣は、中古マンションの流通市場でも同様にはびこっている。

先に述べた通り、私は、エンドユーザーからマンションに関する様々な相談を受けることも業務の一つとしている。マンションの購入だけではなく、売却についての相談も多い。

都心のマンションで暮らしているWさんのケースをご紹介しよう。

Wさん夫妻には、お子さんがいない。ご主人は高齢のために自宅での暮らしが不自由になったので、海の傍の施設に入所。二〇年前に購入した都心のマンションには、ここ一年ほど奥さん一人で暮らしていた。しかし、ご主人の施設の傍に別のマンションを購入したので、今まで暮らした都心の住まいを売却することにした。

仲介を依頼したのは、大手系列のY社。

まだ居住中のWさん宅にやってきた担当者はこう言った。

「当社が二八〇〇万円で買い取りましょう」

Wさんは、同じマンション内のリフォーム済み住戸が三九八〇万円で売り出されているのを知っていた。

「それはちょっと……」

結局、居住中ということもあって三五八〇万円で売り出すことになった。

専任の媒介契約を結んでから約二週間後、担当者から電話があった。

「Wさん宅をぜひ買いたいという業者さんがいるので、お連れします」

やってきた「業者」は、まだ居住中の住戸内で写真を撮りまくった。そして、言った。

「当社なら二九〇〇万円で買い取ります」

もちろん、断った。ただその頃から、Wさんはその担当者に不信感を抱き始めた。

そのまた二週間後、担当者が別の業者を連れてきた。

「市況が下がっていますから、今の売り出し価格では売れないと思います。当社なら三〇〇〇万円まで出せます。それで決めてもらえませんか」

ますます不信感を募らせたWさんは、私のところにそれまでの経緯を書いたメールを送ってこられた。そして「どうすればいいでしょう」という相談。

「では、その住戸を見せていただけますか」

私は懇意の仲介業者を伴って、Wさんのマンションを訪問した。

築三五年ほど経っているが、一〇年ほど前にリフォームをしていてかなり状態はいい。それに立地が抜群。地下鉄の駅から徒歩二分で、静かな住宅地の環境。管理状態も良好だと判断できた。

「一部をリフォームすれば三八〇〇万円以上で売れる」

私とその業者の意見は一致した。Wさんにそのことを説明。彼女の転居後にリフォームをすることにして、工事代金の見積もりを取ってみた。

バスルームとキッチン、一部の間取り変更を含めたリフォーム費用は二七〇万円。それはWさんに負担してもらい、売り出し価格は三九八〇万円に設定した。

カモられる人々

これは、典型的な「囲い込み」と「干す」という行為が行われたケースである。

まず、Y社の担当者はWさんと「専任」媒介契約を結んでいるにもかかわらず、まともな募集活動をした形跡が見られない。媒介契約を結んで一か月の間に案内してきたのは、買い取りの業者だけ。一般のお客さんは一組もない。

そして、最初に自社での買い取りを持ちかけている。どういうことなのか。

これは、自社が二八〇〇万円で買い取り、二〇〇万円程度のリフォーム工事を施したあと、三九八〇万円で売却しようと考えたのであろう。そうすれば九八〇万円の利益になる。

次に、買い取り業者への斡旋《あっせん》を行おうとした。仮にWさんが三〇〇〇万円で買い取り業者への売却を決めたとする。Y社は売り手と買い手の双方から三パーセント＋六万円の手数料が得られる。これだけで税込み二〇七万円余。この他に、買い取り業者からいくらかの謝礼がY社もしくは担当者個人に支払われるはずである。業界の慣習だと三パーセント。

Wさんが三〇〇〇万円で売却していたとすると、私たちが提案したよりも七〇〇万円以上受け取る金額が違ってくる。その七〇〇万円以上のお金は、結局のところY社や買い取り業者、担当者の懐に入っていくことになったはずだ。

仲介業者の言いなりになると、エンドユーザーはこういった流れでうまくカモられてしまうのである。

また、一般客を一切紹介してこなかったのは、最初からそうするつもりがなかったからだと推定できる。

本来、売却のための専任媒介契約を結ぶと、レインズ〈REINS、Real Estate Information Network System〈不動産流通標準情報システム〉の略称〉という業界全体の物件の指定流通機構に登録しなければならない。レインズに登録されると、その物件は不動産業者なら誰でも見ることができる。そして、登録された物件の購入者を紹介することができることになっている。つまり、レインズに登録された物件は、全不動産業者が買い手を探してくれる……はずなのだ。

だが、実際は違う。

専任媒介契約の場合、レインズに登録するのは法律上の義務。違反すると罰則がある。だから、よほどのことがない限り、レインズには登録される。

当然、買い手を紹介しようという業者が現れる。もしそういう業者から「お客様を紹介したいのですが」と連絡があった場合、どうするのか。

「ただいま商談中ですので」と言って断ってしまう。

それを、業界では「囲い込み」と呼ぶ。Wさんのマンションも、ほぼ確実に囲い込まれていた。

更に、何週間も客を案内せずに「問い合わせが少ないのですよ」と報告することを、業界用語では「干す」という。そのあとに、販売価格を大幅に引き下げる提案をすることは「値こなし」。

図3　主な仲介業者の平均手数料率

社　　名	平均手数料率(%)
住友不動産販売	5.21
東急リバブル	4.95
大京グループ	4.86
住友林業ホームサービス	4.50
三井住友トラスト不動産	4.39
大成有楽不動産販売グループ	4.36
みずほ不動産販売	4.11
三菱UFJ不動産販売	4.10
野村不動産グループ	4.00
三菱地所リアルエステートサービス	3.69

※2016年度上期
「週刊住宅」2016年11月28日号より

このように、売り手からあの手この手で自分たちに有利な条件を引き出し、挙句の果てには安く買いたたいて大きく儲けよう、というのが仲介業者の基本的なスタンスなのだ。

このWさんが受けた「囲い込み」や「干す」という行為は、一部の悪徳業者だけが行う特殊な事例ではない。不動産仲介業の世界では、財閥系の大手から街の不動産屋まで、当たり前に行っていることなのだ。むしろ、囲い込まれていない物件のほうが少ないのではないか。大手仲介業者の平均手数料率（図3）を見ると、そのことが如実に表れている。

図4　両手仲介の仕組み

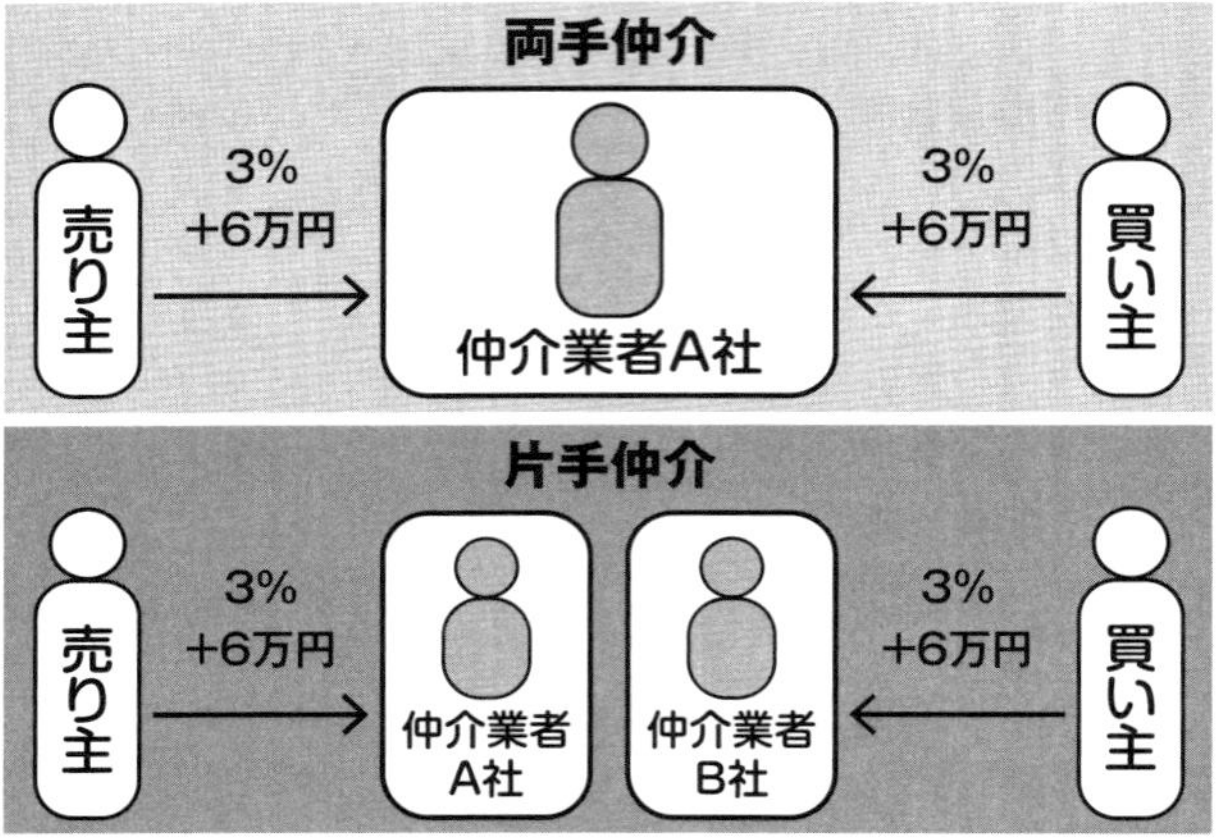

両手仲介は違法にすべき

この「囲い込み」という売り手の利益を著しく損なう悪徳な商習慣がまかり通っている背景には、日本の不動産仲介業者に認められている「両手仲介」（図4）という商習慣がある。これは、そもそもの設定がおかしい。

一つの物件の売買を媒介するにあたり、売り手と買い手の両方から手数料を得られるのが「両手仲介」。売り手と買い手のどちらかだけを仲介する「片手」に比べて、得られる手数料は二倍になる。

両手でも片手でも、仲介業者の手間はほとんど変わらない。であれば当然、仲介業者は両手仲介を狙《ねら》ってくる。両手にするためには、売り手と専任媒介契約を結んだ上に、自分で買い手を見つけてくる必要がある。他の業者が見つけてきた買い手に売ると、手数料が片手になるからだ。

しかし、レインズにも登録しなければいけない。だから、一旦はレインズに登録して、買い手を紹介する他の業者から連絡があっても「商談中です」と断る。これが両手狙いの囲い込みにおける典型的手法。

売り手と買い手は、それぞれ「高く売りたい」と「安く買いたい」という利益相反関係にある。民法では、利益相反関係にある両者の代理人になることは「双方代理」として禁止されている。

不動産仲介業者による両手仲介は、限りなく双方代理に近い行為である。当然、法律で禁止されてもよいと私は考えるが、現実にはそうなっていない。日本では一〇〇パーセント合法。しかし、欧米では原則禁止になっている国や州が多い。

両手仲介を認めると「囲い込み」行為が行われやすく、売主の利益が損なわれる。そして健全な不動産市場が形成されない。だから、両手仲介は原則禁止にすべきだ。

レインズを一般開放せよ

マンションの売買は、今後その主役が新築から中古になるだろう。それは本書の冒頭で示唆した通りである。

ただここまで説明してきたように、新築においても中古においても、マンション市場ではとてもではないが健全な市場や価格が形成されているとはいいがたい。今行われている商慣習やシステムは、売主企業や仲介業者の利益を一方的に守り、エンドユーザーがカモられることを許容している。関連法規も、すべてそれを合法としている。

なぜ、このような不健全なシステムや法規が、今まで改善されなかったのか。あるいは、欧米のように透明度を高めてエンドユーザーの利益を守る改革が行われなかったのか。

例えば、前述したレインズという指定流通機構には、規定上では売り出されるほとんどの中古マンションが登録されているはずだ。

しかし、エンドユーザーはこれを自由に見ることはできない。また、自分のマンションを売却する場合に、直接レインズに登録することはできない。レインズを見るには、仲介業者として宅地建物取引業の事業免許を受け、レインズに会員登録をしなければいけない。物件を登録できるのも、宅地建物取引業者だけ。なぜ、業者だけなのか、大いに疑問だ。

そこから導き出される答えは一つ。仲介業者の利益を守るためである。

エンドユーザーがレインズを見て物件を探せるとなると、仲介業者を頼る必要がなくなる。自分で登録できる場合も同じ。業者を通す必要がなくなる。

仮に、一般の人間がレインズに登録することも、そこで物件を探すことも可能になったらどうなるのか。

仲介業者を一切介さずに、個人間の話し合いで取引が成立するかもしれない。そうなれば、取引価格の三パーセント＋六万円という手数料を支払わなくてもいい。契約書の作成や登記などは、司法書士に頼めば適度な報酬でやってくれるはずだ。そもそも不動産を取得する場合にはそういった諸費用は必ず発生するものだ。

相手との交渉などを直接やりたくないのなら、手数料を払って仲介業者を間に入れればいいだけだ。あるいは、専門家としてのアドバイスが欲しい場合も同様。権利関係が複雑であれば、司法書士や弁護士に相談する手もある。要は、今のように何でも必ず仲介業者に依頼する必要がなくなる、ということだ。

レインズが一般に開放されれば、エンドユーザーにとっては取引スタイルが多様になり、なおかつより多くの物件から選べるようになる。ほとんどデメリットはない。

逆に、仲介業者にとってはデメリットだらけ。今まで独占してきた情報が公開される。既得権益のように稼げた仲介手数料が得られなくなる。私は、もしレインズが一般に開放されたとしたら、半数以上の仲介業者が廃業に追い込まれると見ている。

しかし、すでに仲介業者の既得権保護システムに成り下がっているレインズが、一般開放されるということはあり得ないだろう。

もしそんな動きがあれば、不動産業者が大手から零細までこぞって反対するはずだ。彼らにとっては、それは生きるか死ぬかの問題なのだから。

中古マンション取引の新たな可能性

レインズが開放される可能性がない一方で、それと同様の効果を狙って売り手と買い手をネット上で直接マッチングさせようとする試みも見られる。ソニー不動産とヤフーが提携した「おうちダイレクト」というサイトも、そのうちの一つだ。しかし、今のところ業界に大きな影響を与えるほどには成長していない。

仮にそういうサイトの一つが成長して強力な存在になり、全流通物件の何割かをカヴァーできるところまで拡大すれば、それはもはや一般開放されたレインズと同様の役割を果たすことになる。

そういったサイトを介して、売り手と買い手が直接取引することを妨げる法律は今のところない。だから、今後どこかのマッチングサイトが急成長して、何年かあとの中古マンション取引の風景をがらりと変えている可能性はある。

中古マンションの市場が、今よりももっとエンドユーザーにとって分かりやすく、使い勝手がよい状態になれば、日本人にとってマンションという住形態は更に馴染みやすいものになるはずだ。

今はまだ「夜明け前」といっていい状態。ネット社会の進化は、日本人とマンションの関係を更に滑らかにする可能性を広げてくれている。そして、それはきっと新築マンションのデベロッパーや既存の仲介業者にとっては、厳しい方向への変化となるだろう。なぜなら、これまで彼らはマンション取引における情報の非対称性を利用して、あまりにも安易に「儲けすぎ」てきたからである。しかし、そういう時代は、いつまでも続かないはずである。

第五章　繰り返される不動産バブル

バブルへの軌跡

「またやってきたのか……」

二〇一五年が明けた頃、私はバブルの足音を確実に感じた。

私の経験上、三回目のバブルである。

正直に書くと、生きているうちにまたバブルに遭遇するとは、全く予想していなかった。

不明を恥じなければならない。

ただ、これは経済アナリストが誰も予想していなかった金融政策の大転換がキッカケになっていることは明らかである。

この生涯三度目に遭遇したバブルへの軌跡をたどりたい。

まず、このバブルを確信した二〇一五年初頭に先立つこと五年半前の二〇〇九年の夏、リーマン・ショックによる大不況の中で「世紀の政権交代」によって民主党（現民進党）政権が生まれた。以来三年間、日本の国内は経済的な苦境とともに何ともいえない閉塞感《へいそく》に覆われた。

国民の期待を担って誕生したはずの民主党政権のふがいなさ。無為無策に無責任発言。そして決定的だった東日本大震災の発生と、その対応の右往左往ぶり。国民の間に広がった政権への不信感は、その後の民主党への支持率低下となって表れた。

もちろん、この三年間はマンション市場もほぼ「冬の時代」といってよかった。価格はダラダラと下がり続け、市況は好転しなかった。

金利も低迷。住宅ローン控除も拡大されたが、マンション市場に回復の兆しは表れなかった。ただただ、低空飛行が続いた。

銀行の融資姿勢も厳しく、住宅ローンは通りにくい時代だった。投資用の不動産に対する融資審査も厳しかった。

この時代、金融政策を担っていたのは日本銀行の白川方明《まさあき》総裁。彼は民主党政権の無為無策に寄り添うような形で、なんら実のある金融政策を行わなかった。

その間、アメリカの中央銀行ともいうべきFRB（連邦準備制度理事会）は、QEと呼ばれる金融緩和策を連発。中国もいち早く大量の資金を市場に供給することで世界の景気回復を牽引《けんいん》した。世界経済は「通貨の量的緩和」という、管理通貨制度の「禁断の実」を嚙《か》むことで回復軌道に乗った。

そして、日本においても二〇一二年末に政権交代が実現。政権を奪還した自民党の党首は安倍《あべ》晋三であった。

翌二〇一三年の三月、日本銀行の総裁は黒田東彦《はるひこ》に交代。そして、アベノミクスとともに「異次元の金融緩和」が始まった。

実は、このアベノミクスが始まる少し前の二〇一二年の後半から、日本の株価が回復し始めていた。復興事業の影響が出始めたためだといわれている。

新築マンション市場も、二〇一三年の初めには目に見えて回復してきた。マンション業界には明るい空気が戻り、「売れてきたね」と笑顔で言い合っていた。

そこに、黒田日銀総裁の打ち出した「異次元の金融緩和」が加わり、銀行の不動産関係に対する融資姿勢が一気に緩まった。マンションもどんどん売れ始めた。

私はあの頃、「これはミニミニバブルだ」という観測を世に発信していた。メディアからマンション市場に関する原稿の依頼があるとそう書いた。もちろん、ブログでも「ミニミニバブル」であることを度々指摘した。

「黒田バブル」到来

二〇一四年四月に消費税が五パーセントから八パーセントに増税。マンション市場に限らず、日本経済そのものに冷水が浴びせられた。消費は落ち込み、それが各種経済指標にも出始めた。

私は「ミニミニバブルは間もなく終わる」という趣旨の分析を様々なメディアに出し続けた。現に、マンション市場には不調の兆しがはっきり見えていた。

ところが二〇一四年の一〇月三一日、日銀の黒田総裁は「異次元の金融緩和第二弾」を発表。これが「黒田バズーカ2」と呼ばれる、日本の金融政策史上類を見ないほどの規模で行われた金融緩和政策となる。その目玉は、何といってもマネタリーベースだけで年間一〇兆～二〇兆円も追加して約八〇兆円とする政策である。

この「バズーカ2」は、誰もが予想していなかった。

この、まさに「異例」の金融緩和政策は、日銀の中でも意見がまっ二つに割れる「薄氷の採決」だった。

日銀の金融政策は政策委員九人（総裁、副総裁二人、審議委員六人）による金融政策決定会合で決められる。この「異次元」の決定は「賛成五、反対四」という僅差で可決された。中身を見ると、日銀執行部の正副総裁三人が賛成。残る審議委員六人のうち二人が賛成したが、残りの四人は反対に回った。

この賛否の構成は実に興味深い。賛成に回ったのは元官僚と日銀出身者と学者系。反対の四人は全員が民間企業出身という顔ぶれである。

見方によっては、旧大蔵省出身の黒田総裁が古巣の後輩たちに「何としても消費税一〇パーセントを」とせがまれた結果、経済学の理論や企業家の常識的感覚をも超越した金融緩和策を無理やり強行した、とも受け取れる。それだけ「異次元」なのだ。

しかし、その効果は恐ろしいばかりに顕著に表れた。外国為替市場では、さらなる円安となった。株価も急上昇する。もちろん、マンション市場にも活況が訪れた。

そして翌二〇一五年の初頭、私はそれが不動産に関しては「ミニミニ」ではなく、本物のバブルであることを確信した。それも、背中にザラザラした不安が付きまとうバブルである。

この「黒田バブル」ともいうべき現象には、私が経験したそれ以前の二回のバブルと比べて顕著な二つの特徴がある。

それは「投機需要限定」と「地域限定」という、二つの強力な「限定」が加えられていることである。

前の二回のバブルを振り返ると、一回目の平成バブルには地域についての限定がほとんどなく、日本国中の不動産が狂ったように値上がりしていた。

リーマン・ショック後に弾けた二回目の不動産ミニバブルの時には、値上がりは地方都市や大都市圏の郊外にまで及んでいた。ただ、日本全体の不動産価格が上昇したわけではなかった。

一回目の平成バブルの時には団塊世代の、二回目の不動産ミニバブルにおいては団塊ジュニア世代の住宅への需要が重なっていた。つまり、それなりに「実際に住みたい」という需要を伴っていたのだ。

しかし、「黒田バブル」では「実際に住みたい」という実需層の動きが見えてこない。ほとんどは、「値上がり」や「賃貸運用」、そして「相続税対策」といった投機的な需要だと推測される。

これは、幾分かでも実需を伴っていた前二回のバブルよりも、中身はかなり不健全だといわざるを得ない。なぜなら、投機資金は逃げる時は一斉に、短期間で逃げようとする。もしそうなった場合には、今までの日本のマンション市場ではあまり見られなかった「短期間での暴落現象」を引き起こしてしまう可能性があるからだ。

そして二〇一六年一月二九日、黒田総裁は「バズーカ3」として、日本の金融史上初のマイナス金利を打ち出した。

市中銀行が日銀に置いている当座預金に対して、マイナス〇・一パーセントの金利を付けるというものだ。銀行としては金を預けた上に金利を取られてはたまらないので、当然それを避けようとするだろう。日銀から引き上げた資金は、どこか利息を得られる融資先を見つける必要があるので、更に金融が緩和されるという仕組みだ。

これによって、住宅ローンの金利は更に低下する。また、それまでもかなり緩やかだったローン審査が、更に甘くなる。

これはかつての甘い融資試算で不良債権の山を築いた平成バブル後の「住専問題」や、リーマン・ショックのキッカケとなったアメリカの「サブプライムローン」と、どこか構図が似ている。「バズーカ3」も「2」と同様、将来への危険を伴った金融緩和政策ではないかと考える。

なぜ、分譲マンションはバブル化しやすいのか？

新築マンションを開発分譲するデベロッパー、中古マンションの売買を行うブローカー、その売買を媒介する仲介業者。新築や中古の区分所有（分譲）マンションの売買に関わるのは、この三種類の業者である。エンドユーザーの目から見ると、彼らはすべて同じように見える。いわゆる「不動産屋」である。

日本におけるマンションの取引は、彼ら「不動産屋」を抜きにしては語れない。

また、バブルになりやすい体質も、彼らが内包していると考えて間違いない。

ここでは、三者の役割を通してバブルとの関連を考えてみたい。

①新築マンションのデベロッパー

マンションの開発・分譲事業というものは「土地ありき」である。

事業用地が買えなければ、事業自体が行えない。だからデベロッパー社内における「用地」や「仕入れ」あるいは「事業企画」などと呼ばれる部門には、「一年間に『〇〇億円分の用地取得』」という不思議なノルマがある。

何が不思議かというと、土地を買うノルマなのに、その目標単位は「坪」や「平方メートル」ではなく、ましてや「棟」や「戸」でもなく、「億円」という金額なのである。

いろいろな業界があると思うが、仕入れノルマの単位が「億円」などという金額で明示されるのは、金融機関以外においては不動産業界くらいのものではなかろうか。

ある意味、これは不動産という商品が有形の「物」ではなく、無形といえる金融商品に近い性質であることを象徴的に表しているのではないか。

読者諸氏も、一九九〇年代初頭に崩壊した平成バブルは遠い過去のことのように感じるだろうが、二〇〇八年のリーマン・ショックで潰《つい》えた不動産のミニバブルの情景は思い出せるのではないか。あの時のバブルは「不動産ミニバブル」とか「ファンドバブル」と呼ばれている。

あの時にバブル化したのは、大雑把に見れば不動産だけである。

平成バブルの時には、主に不動産と株式であった。一部の人件費も多少バブル化した。

そこで考えて欲しい。

バブルではなく普通の好景気なら、世の中の物品やサービスの価格がすべて上昇する。そしてよく売れる。したがって、最終的には賃金も増える。

ところが、バブルにおいて価格が上昇するのは常に不動産。そして、株価。ちょっとだけ人件費。スーパーマーケットで買うようなものの値段は、さして変わらない。いわゆる「物価」は上がっていないのだ。それを考えると、不思議だとは思えないだろうか。

この「バブル」というのは、いったい何なのだろう。

二〇一五年以降、マンションの価格が如実にバブル化した地域は限定されている。それは、東京の都心や城南と湾岸エリア、川崎市の武蔵小杉エリア、横浜のみなとみらいの一部物件、そして京都市の御所周辺と下鴨《しもがも》エリア。

はっきりいって、それ以外のエリアでは、新築マンションの価格がバブル的に値上がりしたとはいえない。福岡や仙台では値上がり現象が見られたが、それはバブルというよりも実需の高まりによる健全な値上がりである。

実は、二〇一三年から二〇一五年にかけて全国的に新築マンションは値上がり傾向にあった。その原因は、建設現場で働く職人たちが大幅に不足したことによる人件費の急上昇。いわゆるコストプッシュによる価格上昇が見られたのだ。

しかし、先にあげたバブル化エリアでは、それだけでは説明しきれないほど販売価格が上昇した。

中には、販売の途中で値上げされた新築マンションもあった。なぜそのような現象が起こるのか。

そもそも、新築マンションは用地の購入時に大まかな販売価格が決まっていることはすでに述べた。にもかかわらず、販売活動の途上で当初の販売価格が上向きに変更されることの理由は、一つしかない。

「もっと儲けてやろう」

売主企業のデベロッパーが、そう考えるからである。

これも、考えてみれば不思議である。

例えば、自動車会社が「三〇〇万円の自動車を〇か月で一万台販売する」という事業計画を立てたとする。予定をかなり上回る速さで五〇〇〇台が売れたから、残り五〇〇〇台は三五〇万円で売る、ということはあるだろうか。まず、考えにくい。

マンションは、同じ車種であればすべて同じ性能である自動車とは異なり、一戸一戸が違う。かといって、同じマンションの中の同じタイプで階数違い、という程度ならほとんど差がない。であるのに、二三階住戸は坪単価三〇〇万円で契約したけれども、販売好調なので二二階は坪単価三五〇万円で売り出し、ということが当たり前に起こっているのだ。それが新築マンション業界なのである。

しかも、そういう商行為を臆面もなくやっているのは中小の二流業者ではなく、業界のトップ企業である。

私は、そういうことに強い違和感を抱く。とても正常であるとは思わない。

しかし、これが普通にまかり通っている。売主企業側も、大っぴらに公表はしないが、売り付ける客の前では隠そうとはしない。

「今買わなければ、もっと値上げするかもしれません」

半ば脅しながら契約を迫っているのである。財閥系の大手企業が、こういうことを平気でやっている。こういう体質こそ、バブルの温床になっているのではないかと考える。

新築マンションの開発業者が、このようにバブル化しやすい体質にあるのは、やはり他業種には見られなくなった、度を越した「消費者軽視」の事業スタンスが根っこにあるからではないか。

「できるだけ高く売りたい」

「儲かれば儲かるほどよい」

「客にはできるだけ高く買わせよう」

トップ企業からしてこういうビジネススタンスを持つ限り、新築マンション業界は条件さえ整えばいつでもバブル化する。そして、バブルは必ず弾ける。その度に経営基盤の弱い業者から淘汰《とうた》され、大手不動産会社とその子会社のみが生き残っていく。そして、景気がよくなると他業種からの参入があったり、独立専業のデベロッパーが生まれる。その繰り返しではなかろうか。

②中古マンションの仲介業者

それでは、マンション売買に関わるもう一つの「不動産屋」である仲介業者の場合はどうだろう。彼らは「流通業者」とも呼ばれるが、バブルにどう関与しているのか。

仲介業者の大手系列でいえば、三井不動産リアルティ（三井のリハウス）や東急リバブル、大京穴吹不動産、住友不動産販売、野村不動産アーバンネット、大成有楽不動産販売などである。

この中で住友不動産販売や大成有楽不動産販売、東急リバブルは、それぞれ親会社がデベロッパーとして開発分譲する新築マンションの「販売代理」を行うケースをよく見かける。

彼らは販売代理として、マンションデベロッパーの「とことん儲けてやろう」という利益至上主義のお先棒を担ぐ役割を果たす。しかし、決して主役ではない。

また、先に紹介した「両手狙い」の「囲い込み」という、売り手の利益を著しく損ねている商習慣も、バブルとは関係ない。「囲い込み」は景気がよくても悪くても、バブルであってもそうでない時でも、日常的に行われている行為である。

買い取り業者に買わせようと仕向ける行為も日常的商習慣。決してバブル期特有のものではない。

つまり、彼らが普通に売り手から依頼されて、買い取り業者であれ一般個人であれ買い手を探して行う仲介行為は、バブルとはさして関係がない。バブルになれば取引が活発になるので、ビジネスがやりやすくなる程度である。

③バブルに踊る仲介業者やブローカー

バブルを助長する役割を果たすのは、大手系列ではなく独立系の仲介業者や、いわゆる

図5　土地ころがしの構図

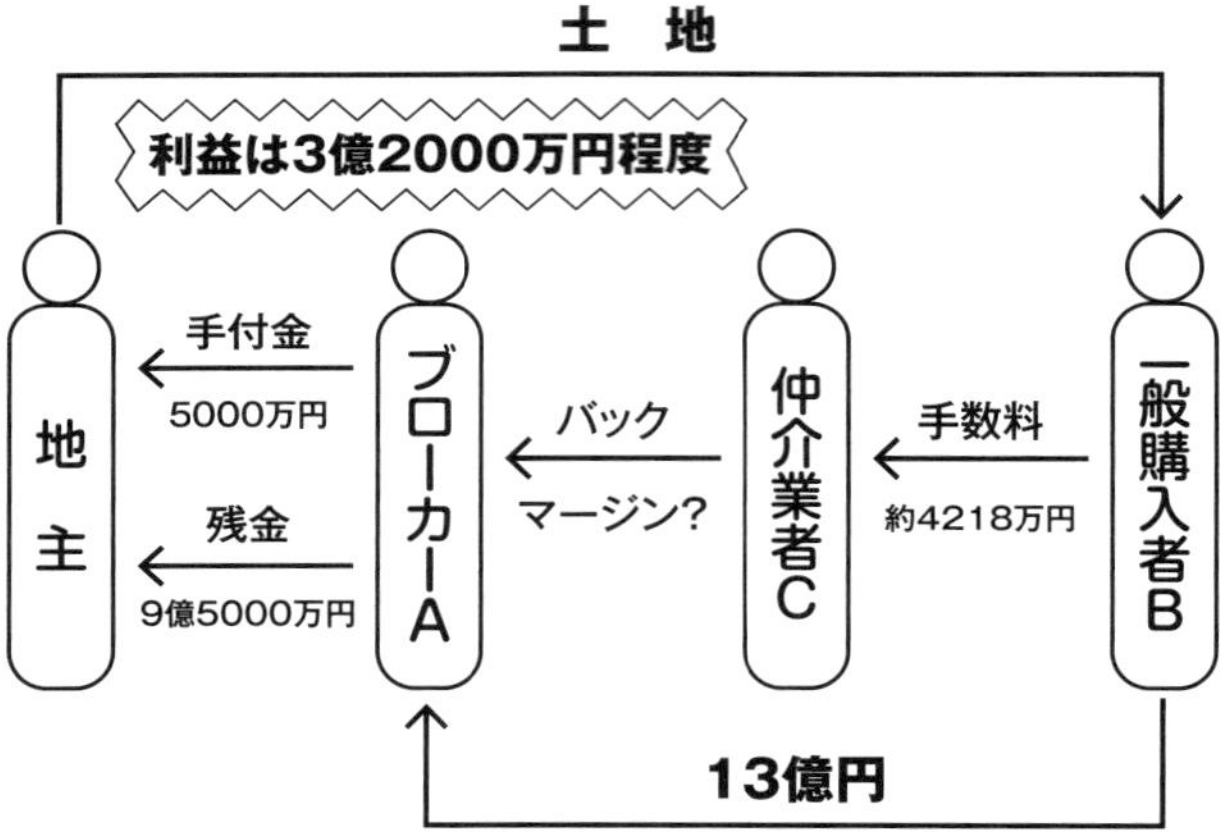

「ブローカー」と呼ばれる一匹狼《おおかみ》的な独立業者である。

彼らは、ある一面においてバブルの主役である。

分かりやすいうと「土地ころがし」（図5）を行う連中である。

例えば、ブローカーAがとある地主からマンション開発を行えそうな土地の売却を依頼されたとしよう。地主は個人や企業、様々である。ともかく、土地を所有していて不動産取引には疎いことが前提である。

ブローカーAは、地主に囁《ささや》く。

「これは一〇億円の価値があります。私に買わせてください。手付金五〇〇〇万円は明日にもお支払いいたしますので、契約しましょう。残り九億五〇〇〇万円はすぐに手当てがつかないので、三か月待ってください。三か月後には必ず決済（残金を払い、土地の引き渡しを受けること）します」

これでその地主が承知すれば、儲けものである。Aは更に地主に囁く。

「他の業者にはこのことを言わないでくださいね。あなたが困って土地を売ろうとしていることが世間に広まるとまずいでしょ」

売らなくてもいい土地を売る地主は少ない。換金の必要があるから売るのである。「お金に困っている」といえなくもない事情がある場合がほとんどだ。だから、地主が土地を売る時には、だいたいは「そっと」売りたがるのである。

そしてブローカーAは、まず自分の業者以外の人脈の中からその土地を買いそうな個人や企業に当たる。人脈の中に、買いそうな一般購入者Bがいたとする。

「いい土地があります。一三億円です。私が売主なので、一三億円でお譲りします。ただし、間に仲介業者Cを入れてください」

これで、もし一般購入者Bが「買う」となったら話は早い。

ブローカーAは一般購入者Bとその土地の売買契約を結ぶ。Bからはきちんと手付金を取る。宅地建物取引業法で定められた手付金は二割以内。二億六〇〇〇万円までの手付金を取れる。

そしてブローカーAは地主に「残金の用意ができましたから、〇日に決済させてください」と申し入れる。

決済日には、どこかの銀行の会議室に地主、A、B、Cの全員と司法書士が集まる。場合によっては、地主とBは別の会議室に入ることもある。

そして、まずBからAへ残金が振り込まれる。そしてBからCへ仲介手数料・消費税の四二一八万円余も支払われる。

この瞬間、Aは売却代金一三億円をまるまる手にする。しかし、すぐにAの口座から地主の口座へ残金九億五〇〇〇万円が送金される。地主はそれを確認。登記を変更する書類に押印する。

司法書士が書類を確認して、その土地の所有権登記を地主からBへ変更する。登記所に出向く場合もあるが、最近ではインターネット上の操作で手続きは即座に終わる。司法書士がその土地の権利書をBに渡して取引は完了する。

ブローカーAは、民法上その土地を一旦は購入したが登記上には記載が残らない。だから、こういった取引のことを「中間省略」と呼ぶ。

分かりやすくいえばブローカーAは、地主が一般購入者Bに一三億円で売れたかもしれない土地を、「私が一〇億円で買います」とうまく納得させた上で、Bを見つけ出して一三億円で売ることで、まんまと三億円を儲けたわけである。

加えて、Bとの間にはAの息のかかった仲介業者Cが入っている。BからCへ支払われた四二一八万円余の中からしっかりとバックマージンをせしめているはずだ。バックマージンの割合は場合によって異なるが、五割程度であることが多い。つまり、ブローカーAは、この取引で三億二〇〇〇万円程度は儲かったことになる。

仮に、ブローカーAが通常の「両手仲介」でこの土地を一三億円でBに媒介した場合の手数料は六パーセント＋一二万円の七八一二万円（税抜き）である。中間省略で売ったことによって、通常の両手取引よりも二億四〇〇〇万円以上儲かったことになる。逆に地主はその分の「得べかりし利益」を失ったということだ。

この取引は一見ブローカーAの詐欺行為のように思えるが、全くの合法である。そして、ブローカー業界では、こういう中間省略はごく当たり前に行われている。

以上に説明したのは、ブローカー取引の最も単純な仕組みである。実際はブローカーAと一般購入者（企業）Bとの間に、何人（社）ものブローカーが入るケースもある。

このケースではBは業者でない一般購入者（企業）を想定しているが、ブローカーAにとって売る相手は、「買う」という意思を示し、その能力があるのなら不動産業者でもいいのである。

バブルになると、地主から一〇億円で売られた土地（あるいは建物）が、数か月のうちに中間省略を幾度もはさんだ転売が繰り返された挙句、倍の二〇億円以上になっていることも珍しくない。

ブローカーたちは、一般人からすると違法に見える中間省略という手法を駆使することによって、短期間に莫大な富を得ようと奔走する。

バブルは、不動産の転売に次ぐ転売を繰り返すことによって過剰に膨らんでいく。そして、この転売の土壌の中で蠢《うごめ》くブローカーの存在なくして、不動産のバブルというものは過熱しない。

いってみれば、中間省略などの欺瞞《ぎまん》的な売買テクニックを駆使するブローカーは「バブルの徒花《あだばな》」的存在であり、彼らこそがバブルの主役の一角を担っているのだ。

バブルとは何なのか?

私は、二〇一三年に始まったアベノミクスによるマンションの好調な売れ行き状況を「ミニミニバブル」と呼んできた。

そして二〇一四年一〇月末の「黒田バズーカ2」以降の異様な売れ行きと値上がりの様子は、はっきりと「バブル」と確信している。もちろん、前に書いたように投機需要限定、地域限定という条件は付く。

では、私が「バブル」と呼ぶ根拠は何かを説明したい。それは明確である。

マンションを賃貸運用して得られる投資利回りが、実質的に五パーセントを下回った場合、私はそこにバブルの要素が入り込んだと考える。四パーセントを下回れば、ほぼ完全なバブルである。

二〇一五年の後半から、東京都心で販売される新築マンションの想定利回りは五パーセント未満になることが多くなった。中には四パーセントをかなり下回る物件まで出てきたという。そうなれば、もう明確にバブルだといっていい。

もう少し詳しく説明しよう。

東京都心で販売されている新築マンションの場合、アベノミクス以降は特に「自分で住むため」という実需ではなく、投資用として買われてきた物件が多い。買っていたのは「爆買い」の主役である中国人をはじめとした外国人。そして、相続税対策を目的とした富裕層。

投資目的の客がモデルルームにやってくると、販売担当者は必ず「想定利回り計算書」や「想定賃料表」といった書類を見せる。それは何かというと、その住戸を賃貸に出した場合に月額いくらで貸すことができて、コストはいくらかかって、結果的に利回りは何パーセントになるか、ということをシミュレーションしたものだ。

もちろん、それはあくまでも「想定」である。書類の隅のほうには「これはあくまでも近隣の類似物件の賃貸実績から想定した賃料を基に試算したもので、ここに表示する賃料や利回りを保証するものではありません」といった、断り書きが入っているはずだ。

その「想定」の時点で、すでに利回り五パーセントそこそこの物件が大半になったのが二〇一五年前半のことだった。

賃料はバブル化しない

少し、冷静に考えていただきたい。

賃料というのは、借りてくれる人がいて初めて発生する。投資目的で購入したマンションの住戸に、借り手が現れなければどうなるのか？

まず、コストがかかる。管理費に修繕積立金。インターネット接続料が別途設定されているかもしれない。固定資産税や都市計画税などもある。

賃料収入がなければ、それらは持ち出しになる。つまり赤字。

仮に一年、借り手が見つからなければ赤字分は相当な額になる。都心の一億円相当のタワーマンションの場合、一〇〇万円前後に達するかもしれない。それでは、利回りどころではない。

もう一つ、厳然たる事実がある。

それは、マンションの取引価格というものはバブル化するが、賃料はバブル化しないということだ。なぜか。理由は明確である。

新築でも中古でもマンションを投機の思惑で購入する人はいるが、同じ動機で借りる人はいない。「景気がいいから、もう一戸借りておくか」などという需要は発生しないのである。

したがって、賃貸需要は常に実需である。

前述したように、バブルというのは株式や不動産に特化して発生する。一般消費財はもとより、個人所得にまで波及することはほとんどない。言い方を変えれば、バブルになっても普通のサラリーマンの給料が上がることは、ほぼ期待できない。

賃貸市場を支えているのは、普通のサラリーマンである。あるいは普通の企業の社宅需要である。そこはまずバブルに連動しない。

ということは、マンションの取引価格がいくらバブル的に高騰しようと、賃料に及ぶことはほとんどない。つまり、バブルになればなるほどマンションの投資利回りは下がる。

だから、私は五パーセントの利回りを下回るとバブルの要素が入り込んだと考えるのである。

ジワジワ下がる賃料

更にいえば、今の日本の住宅は全体としてかなりの供給過剰状態にある。

二〇一三年に調査が行われ、二〇一四年に発表された総務省の「住宅・土地統計調査」によると、全国の空家率は一三・五パーセントとなっている。

不動産ポータルサイトの「HOME'S」が表示している東京都千代田区における賃貸住宅の空室率はしばしば三〇パーセントを超える。中央区や目黒区も二〇パーセントを超えていることが多い。

近年、賃貸住宅のオーナーは、仲介業者に数か月分の「広告料」を払ったり、入居後一か月程度の賃料を無料にする「フリーレント」を条件にすることが当たり前になっている。これは、実質的な賃料の値下げである。

このように、局地バブルエリアのマンションの価格は高騰しているが、賃料はジワジワと下がっているのが現実だ。前述の通り、賃貸価格は本来の意味での「需要と供給の関係」によって形成されているので、供給が多い現状では下がって当然なのだ。

ということは、局地バブルエリアのマンションに対する投資利回りも必然的に下がっていくことになる。そのことに、局地バブルエリアにおいてマンションを高値で購入していた相続税対策の富裕層や外国人はあまり気が付いていない。

彼らは基本的に、自分では住まないから「賃貸に回せばいい」と安易に考えている。モデルルームで示される「想定賃料表」という幻想の紙切れに騙《だま》されているのだ。

アベノミクス以後に売り出され、相続税対策と円安による外国人需要によって調子よく売れた都心や湾岸のタワーマンションが、今次々と賃貸市場に出ている。更に、値上がりによる利益を確保しようとして中古市場で売り出されている。

ただでさえダブつき気味の賃貸市場が、更に供給過剰となるのは目に見えている。賃貸市場のダブつきは、バブル崩壊の引き金にもなりかねない危険をはらんでいる。

世界的なバブルを東京も追いかけた

二〇一五年、日本の不動産を局地バブルに導いた「買い」側の主役の一角は外国人である。

今や、日本の不動産市場は国内事情だけで考えるべきではなくなった。そこで、少し日本の周りの国々の経済状況に目を向けてみたい。

リーマン・ショック以後、世界景気の回復は中国経済がリードしたといわれている。その手法は基本的に「黒田バズーカ」と同じ。市場への大量の資金供給と金利抑制。その結果、中国にはバブルというしかない状況が発生した。当然、株価や不動産価格は高騰する。それで更に膨れ上がった資金は、当然海外に向かう。

香港では、大陸から押し寄せたバブルマネーが不動産を買いあさった。

二〇一五年の春頃、私のところに香港からテレビや新聞の取材がやってきた。日本の不動産市場について、いろいろな人間に取材していたのだろう。

当然、こちらとしてもそういう好機を逃さず逆取材する。

「香港の住宅市場はどうなの?」

まだ大学を出て二、三年といった若い女性記者は、途端に顔を曇らせた。

「大陸から来た人がマンションを買いあさったので、値段が上がりすぎて私たちは一生かかってもマイホームなんて無理です」

聞くと、安いマンションでも彼女の年収の五〇倍だという。

これを投資利回りに換算するとどうなるのだろう。きっと一パーセント程度だろう。一〇〇年経たないと投資資金が回収できない。そんな投資はあり得ない。しかも、投資した住宅は一〇〇年間も投資価格に相応する価値を保ち続けるというのだろうか。そういう投資は「ハイリスク、ローリターン」すぎて、リアリティがない。まさにバブルだ。

東アジアのバブルは、香港だけではない。北京や上海《シャンハイ》など大陸中国の主要都市はもちろん、台湾の台北やシンガポールにも及んでいる。

実は、不動産価格の高騰は東アジア特有の現象ではない。ここ数年、ニューヨークやロンドン、パリの中心街はバブル的に不動産価格が値上がりした。

これは、考えてみれば当然の現象である。

リーマン・ショック後の不況から逃れるため、中国、そしてアメリカ、さらにイギリス、周回遅れで日本までも「異次元の金融緩和」を始めてしまった。

こういった世界的金融緩和で、世界中で資金が余っていたのだ。その資金が各国の不動産市場に押し寄せたとしても、それは当然の現象だ。東京もそういった世界的なバブル現象の最後尾に付いていたということだろう。

しかし、バブルはバブルである。実質を伴っていない状態であることに変わりはない。いずれは弾ける運命にある。

先に「利回り五パーセント未満はバブルの要素あり」と書いたが、五パーセントでは単純計算で二〇年経たないと投資資金が回収できない。四パーセントなら、資金回収に二五年もかかる。そして、資産価値の低下リスクもある。とてもではないが、現実的な投資先とは思えない。

私は、不動産投資というものは都心の条件に優れた物件においても利回りが最低でも五パーセントから八パーセントあたりが適正であると考えている。つまり、一五〜二〇年くらいで資金が回収できる利回りである。資産価値の低下や災害による滅失などのリスクを考慮すると、そのあたりがほどよいと思える。

したがって、新築マンションの販売価格設定も、投資した場合の利回りが五パーセントから六パーセントあたりが健全な水準だと想定している。それを考えれば、やはり二〇一四年末から始まった東京都心を中心とした「局地バブル」エリアの価格上昇はかなり不健全だ。

三回目のバブルもいつかは弾ける

「不動産投資」という面から、もう少し掘り下げてこのバブルを考えてみる。

実のところ、経済が成長していれば不動産投資はカンタンだ。

ところが、日本という国はここ四半世紀の間、経済成長していない。GDP（国内総生産）は五〇〇兆円前後を行ったり来たり。ほとんど増えていない。二〇一五年九月に安倍首相は「二〇二〇年までにGDPを六〇〇兆円に」という目標を打ち出したが、まず無理だろう。

日本がGDP五〇〇兆円前後をウロウロしている間に、中国はGDPを二〇倍以上成長させて二〇一〇年に日本を抜き去った。今や軽く日本の二倍以上の規模になっている。

不動産の資産価値は、経済成長とともに上昇する。なぜなら、経済が成長している地域や国の不動産は利用価値がどんどん高まるからだ。だから経済成長国では、住宅も含めた不動産の価格が高騰する。

日本はどうだろうか。この四半世紀、日本は経済成長していないので、不動産の価格は理論的には変わらないはずだった。しかし、実際には乱高下した。まず、平成の大バブルが終わってから全国的に不動産価格が下落を始めた。「土地神話は崩壊した」と騒がれたものだ。

ところが、二〇〇五年頃から主に欧米を中心とする海外の投機マネーが日本の不動産を買いあさった「不動産ミニバブル」があった。その後、リーマン・ショックで崩壊。今また、異次元の金融緩和をベースに、相続税対策と外国人の「爆買い」による都心部限定の局地バブルが発生した。

しかし、地方や郊外の下落基調は変わらないので、マクロの視点で見れば日本全体の不動産価格は下がってきたと見るべきだろう。

こういう時代に、日本国内で個人が不動産投資をするのは、かなり危険である。マンションやアパートを購入しても空室になる確率が高い。また、その不動産自体の値上がりも期待できない。

「サラリーマン大家」の成功率

しかし今、世の中は逆に「不動産投資ブーム」である。「サラリーマン大家」などという新語が定着してしまった。けれども、普通のサラリーマンが日本国内で不動産投資を行って、成功する確率はどれくらいあるのだろうか。私は一割未満だと推測する。

例えば、投資用のワンルームマンションは販売が好調なようだが、当初の目論《もくろ》見《み》通りの収益が得られているのか。購入直後は所得税の還付があって潤った気分になれるが、何年か経つと空室になることもある。また、竣工後五年から一〇年が経過すると修繕積立金を値上げされる場合が多い。

それでいて、新築の場合は物件自体の値上がりがほぼ期待できない。売却すれば譲渡損が生じる場合がほとんどだ。

相続税対策でアパートなどを購入した場合も、よほどの優良物件でもない限り空室率の高さに悩まされることになる。

今はまだ、東京や大阪などの都心では世帯数は増えている。しかし、数年後には減少に転じるはずだ。住宅に対する需要はますます細る。経済が成長せず、人口が減る国での不動産投資は、よほどの選択眼が必要だ。

バブルに踊りたがる日本人

一方、マイホームの購入や売却、買い替えなどで疑似「不動産投資」を経験した多くの日本人は「夢よ再び」と考えがちだ。マンションの価格がバブル化すると、往々にして一般人もそこに巻き込まれてきたのだ。

そして、近年の日本人の特性として「バブルに踊りたがる」傾向がはっきりと読み取れる。これは何も悪徳不動産屋のように誰かを騙して儲けよう、というのではない。自分が購入したマンションが、買ったよりも何割か、あるいは何倍にも高くなると「舞い上がって」しまうのだ。

一度「舞い上がった」経験をしてしまうと、それをまた繰り返そうとする。成功する人もいれば、失敗する人もいる。バブルが起こる前に購入すれば値上がりの高揚感を味わえる。しかし、利益を手にするには売却しなければならない。

投資家は不動産をいくつも持っているので、「安い時に買って高い時に売る」という投資行動が可能だ。しかし、自宅の売買でそれをやるのは難しい。

うまく安い時に買えたとしても、高い時に売ろうとすると、次に住む家を高く買わざるを得ない。逆もしかりで、高い時に買ってしまって安い時に売ると、次に住む家は安く買える。

「一〇年ごとにマンションを買い替えて自分の資産を作りなさい」というマイホーム購入法を指南する向きもあるが、一般人にとってそんなことはアクロバットに等しい。

プロである不動産のブローカーにしたところで、多くはバブルの絶頂期を見極められない。一つのバブルが終わるごとに、ざっくり見て六割のブローカーがいなくなってしまう。次のバブルで復活している人もたまに見かけるが、数は至って少ない。

プロでもなかなかできないことを、一般人が易々とできるとは考えないほうがいい。

しかし、一般の不動産投資家で成功している人がある程度は存在することも確かだ。

「土地神話」の崩壊

我々日本人のＤＮＡには、確実に「土地神話」が刷り込まれている。

日本人は「土地を所有する」ということにこだわる民族なのだ。今は「一生懸命」と書くが、元は「一所懸命」が正しかったという。

平安時代から鎌倉時代にかけて、貴族や寺社関係者以外の人間が、日本史上初めて土地の実質的な法的所有権を手にした。一旦手に入れた土地を、何が何でも手放さずに子孫へと継承する。そうした鎌倉時代の小領主の思いが「一つの地所に命を懸ける」、すなわち「一所懸命」という言葉になった。これがいつしか「一生懸命」に変わったのは、日本人にとっての土地のありがたみが薄れたことも一因であろうか。

ともかく、日本ではあの平成バブルが崩壊した一九九〇年頃まで、土地は所有してさえいれば年々価値が高まっていく状態にあった。

考えてみれば当然で、その頃までの日本は曲がりなりにも経済が成長していた。また、人口も増えていた。土地を必要とする人が増え、経済も拡大しているのだから、土地の利用価値が高まる。価格が上がって当然である。

ところが、今では土地神話は完全に崩壊している。

人口は減り、経済は成長しない。実質的には縮小している有様だ。だから日本中の不動産は値下がりしている。局地バブルで値上がりしたのは、まさに「局地」。限られたエリアだけだ。そんなバブルは崩壊して当然だ。

しかし、そういう目の前の現実があっても、頭の中のどこかには「土地神話」が生きている。だから、市場がはっきりバブル化しているのが見えているのに、理屈では説明できない衝動に駆られている人が多い。

「マンションを買いたいのです」

なぜ買うのか、という理由が自分でも分からないまま、私のところに相談に来る方も多い。そういう方は「買う」という行為自体が目標なのだ。

自分のためなのか、家族の幸せを願ってか、それが人生の中でどういう意味を持つのか、自分の仕事にどう影響するのか……マイホームを買う前に、そういう理由を自分の中ではっきりさせておくべきではないか。

ただ、土地神話の呪縛、マイホーム所有の幻想、こういったことから日本人は当面逃れられないのかもしれない。この「土地神話のＤＮＡ」から解放されない限り、一定の条件がそろえば日本人はまた、バブルに巻き込まれることになるだろう。

第六章　マンション、この不完全な住まい

エアコンなしで夏を耐えた団地

マンションは、日本人の歴史の中で現れた初めての高気密・高断熱な住まいである。「夏は涼しく過ごせるけれど、冬は寒い」という今までの日本の木造家屋と比べると、使われている建材も工法も、住まいづくりの発想まで、すべてが異質な住宅が鉄筋コンクリートでできたマンションなのである。

まず、何よりも「冬の寒さ」をほぼ克服した。マンションで過ごす冬は、木造住宅に比べて暖かい。

木造住宅に使われる木や土には、蓄熱性というものがほとんどない。しかし、マンショ

ンの主要な建材であるコンクリートには、蓄熱性がある。

例えば冬の日の昼間、穏やかな太陽の光が当たったコンクリートには、熱が吸収される。そこで蓄えられた熱は、周囲の気温が下がる夜には放出される。これによって、室内が多少温まる。そして、夜になると今度は冷気で冷やされて、朝には室内の空気をも冷たくする。木造の住まいには、そのようなことが起こりにくい。

食器でいえば、木製の汁椀《しるわん》は中の味噌汁《みそしる》が多少熱くても手に取ることができるが、石焼ビビンバの器に手を触れると火傷《やけど》する可能性がある。木は熱を吸収しにくいが、石は熱を帯びて蓄える。コンクリートの材質は石に近い。いわば人工の石のようなものだ。

そして、何よりも熱が逃げにくい。

多くのマンションでは暖房にエアーコンディショナーが使用されている。石油ファンヒーターなどは原則禁止のマンションが多い。エアコンはファンヒーターのように直接火気を生じさせないから温まるまで時間がかかる。しかし、気密性の高いマンションは一旦暖まると、その暖気が逃げにくい。だから、総じて木造住宅よりも暖かく過ごせる。

逆に夏は、このコンクリートが太陽熱を吸収して、なおかつ周囲へ熱を発散するので、マンションの中では耐えがたいレベルで暑くなる。仮に、エアコンのなかった江戸時代以前に石造りの住まいがあったとしたら、夏は暑くて室内では過ごせなかったはずだ。

もちろん、今ではエアコンという優れモノがあるので、マンションの夏は快適だ。北海道と東北地方の一部を除くと、マンション暮らしにおいてエアコンなしで夏を過ごすことは、ほぼ不可能だろう。少なくとも晴れた日の昼間に、エアコンのないマンション内で過ごすと健康を損なう恐れさえある。

賃貸マンションの場合も、今ではほぼ一〇〇パーセント、エアコンが付いている。エアコンのない住戸は借り手が付かないだろう。

しかし、この「エアコン付きが当たり前」という状況は、私の見るところ一九八〇年代の後半に定着したことであり、それ以前は「エアコンなし」の賃貸マンションも多く存在した。もちろん、分譲マンションを購入した家庭でも、すべてがエアコンを設置できたわけではないだろう。また、今のように全室にエアコンを取り付けることはかなり贅沢《ぜいたく》なライフスタイルだった。

そもそも冷房機（クーラー）というものは一〇〇年ほど前から存在しているが、手軽に購入できる価格になったのは最近のことである。三〇年以上前には、クーラーの価格が大卒の初任給よりも高いくらいだった。子ども部屋にまでクーラーを取り付けられる家庭は、かなり裕福だったはずだ。

日本に鉄筋コンクリート造の団地や分譲マンションが生まれてしばらくは、多くの住戸ではエアコンなしで夏を耐え抜いていたのだ。今から思えば想像しがたいことだが、それは半ば忘れられた事実である。

「エアコンを使わずに夏を過ごす」ユニークな試み

今ではエアコン付きが当たり前になったが、なるべくエアコンを使わずに、自然の涼しさを利用して夏を過ごすことを推奨している、ユニークなマンションデベロッパーがある。東京都板橋区大山町に本社がある「リブラン」という中堅企業だ。

まず、住戸内の風通しをよくして夜の冷気を住戸内に取り込む。そのため、マンションの住戸内に風の通り道を作る。引き戸を多用したり、セキュリティに配慮しつつ玄関ドア脇にも小窓を設ける。

夜に取り込んだ冷気を逃がさないようにするため、朝になったら外気が入らないように窓を閉じる。

一方、住戸内への熱の入り口になるバルコニーは、軒裏と手摺《てすり》の間を「緑のカーテン」と呼ばれる蔓《つる》類の植物で覆う。これによって太陽光が直接住戸内に入り込まない仕掛けを作っているのだ。

また、緑のカーテンを作る植物の葉っぱには水分を蒸散させて空気を冷やす効果がある。真夏でも森の中に入るとひんやりした空気を感じるのは、緑の葉っぱの蒸散作用による効果だ。これによって、バルコニーの温度上昇を防ぐ。

更に、住戸内には無垢《むく》材《ざい》によるフローリングや珪藻土《けいそうど》の壁など、なるべく自然素材を使う。自然素材には、室内の湿度を調整する機能がある。湿度が高い時にはこれを吸収し、低い時には水分を発散させる。

こういった作用を組み合わせることによって、室内温度の上昇を防いでなるべくエアコンに頼らずに過ごせる環境を作ろうというのだ。

このコンセプトで作るマンションを「エコヴィレッジ」と呼び、すでに一〇年以上の実績を誇る。東武東上線沿線を中心に供給されてきたが、他のエリアにも広がっている。

このように、マンション特有の夏の暑さを、自然の力を利用して克服しようとする頼もしい企業もある。

停電すると水も使えなくなる

とはいえ、まだ多くのマンションでは、エアコンで夏を凌《しの》ぐのが一般的だ。ただし、エアコンを動かすためには電気が必要である。もちろん、日本国内では隅々にまで送電線が引かれているので、電気を使えないマンションなどあり得ない。

しかし、電力は常に安定的に供給されているわけではない。

二〇一一年三月一一日に起こった東日本大震災は、まだ記憶に新しい。あの時、被災地では当然ながら電力の供給が途絶えた。

悲惨な事故が起こった福島第一原子力発電所はもとより、日本国中のすべての原発を停止することとなった。それまで、電力の三割を原発に頼っていたのだから、当然電力が不足する。静岡県と山梨県を含む関東エリアでは、わずかな期間ではあったが計画停電が行われた。
停電すると、当然エアコンは使えない。あの時は三月だったから、まだよかったかもしれない。暖房機能が使えなくなっても、三時間程度ならまだ何とか耐えられたと推測できる。もちろん、あの時はエリアごとに停電したので、マンションだけではなくて木造の一戸建て住宅でも停電している。エアコンはもちろん、石油やガスのファンヒーターも使えなかった。テレビのニュースでは、電気を使わない昔ながらの石油ストーブが飛ぶように売れていることが報道されていた。

実のところ、マンションでは電気が来なくなることによって、エアコン以上に深刻な問題が発生する。人が暮らせなくなるほど困った事態が発生するのだ。

関東エリアでは三時間毎にエリアを変えていく計画停電で済んだが、被災地では二四時間電力が供給されない状態が何日も続いた。中には復旧まで一週間以上を要したエリアもあったという。

電力が供給されないと、まずほとんどのマンションでは水道が使えなくなる。なぜなら、マンションの上水道は電力を使ったポンプで上階へと汲《く》み上げられているからだ。

水道が使えなくなると、飲料水や調理に困るのはもちろんだが、トイレが流せなくなることが深刻な問題だ。

ただ水道管が破裂していない限り、一階部分では水が出る状態かもしれない。それをバケツなどの容器に入れて自分の住まいまで持って上がり、トイレのタンクに入れれば水洗機能は使える。

しかし、電気が来ていないとエレベーターは動かない。そうでなくても地震で停止したエレベーターは、専門の技術者がやってきて安全確認をしないことには作動させられない。

結局、住んでいる人の体力にもよるが、五階から六階以上になると高齢者はマンション内で生活ができない。避難所などに移る必要があるのだ。

東日本大震災の時の事例を調べると、ある八階建てのマンションでは災害用にテントを用意していたのが幸いした。敷地内にテントを張って高層階の住人を収容。電力供給が復活するまでの数日を凌いだという。

タワーマンションで地震に遭うと

東日本大震災で電力供給が途絶えた東北地方では、マンションが首都圏や近畿圏、中京圏ほど多くない。

仮に、首都圏を震源とした東日本大震災クラスの地震が発生し、電力供給が数日間でも途絶えたらどうなるのだろう。

特に、東京ではタワーマンションと呼ばれる二〇階以上の超高層マンションが、まるでハリネズミの背中のようにニョキニョキと建てられている。そういうマンションではたいていが三階あたりまでがエントランスホールや共用施設になっており、住戸が設けられるのは四階以上になっているケースが多い。そうなると、ほぼすべての住人が自分の住戸内では暮らせない、ということになる。

「私のマンションでは自家発電設備があるから大丈夫」

と思う方もいるだろうが、実は、それだけでは安心できない。

確かに、東日本大震災のあとで建てられたほとんどのタワーマンションには、自家発電設備が設けられている。また、発電装置を稼働させる燃料となる重油も備蓄されている。その量は、震災前は二四時間分程度が一般的であったのが、最近では七二時間分が主流となった。つまり、電力供給が途絶えても三日間は自家発電装置が回せる、ということだ。

しかし、それはあくまでもマニュアル上のことでしかない。

日頃使っていない発電装置に重油を流し込んで稼働させ、生み出した電力を非常用エレベーターや水道のポンプに供給する作業は、誰にでもできるほど簡単なものだろうか。当然、管理会社の社員や常駐する管理員は、そういった訓練を受けているはずだ。ただ、こういうことは実際に起こってみないとどうなるか分からない。

自家発電装置を備えたマンションが一〇〇棟あったとして、一〇〇棟全部でマニュアル通りに発電装置を稼働させることができるだろうか。私は、そんなことはあり得ないと思う。

また、前述の通り大きな地震で一旦停止したエレベーターを再び動かすためには、専門の技術者が安全点検を行わなければいけない。

大地震が起こった場合、エレベーターの技術者はまず、閉じ込められた人の救出に向かう。それだけでも数日を費やすのではなかろうか。当然、安全点検などは後回しになる。そう考えると「自家発電装置は稼働させたけれども、エレベーターは使えない」という事態も想定される。

電力なしには暮らせない

更にいえば、自家発電装置の設置されているマンションは、全体からするとほんの一部である。特に、三・一一の震災以前の建物ではかなり少ない。また、建設途中で追加設置するのは工費がかさむ。実情としては、導入に二の足を踏んでいるところが多い。

ということは、地震で電力供給が途絶えたエリアにある分譲や賃貸のマンションに住んでいる人のうちかなりの人々が、自分の住戸では過ごせなくなるのだ。

彼らは避難所に身を移すか、先にあげた事例のように建物内や敷地内のどこかで、電力が再び供給されるまでの数日を過ごすことになる。エントランスホールや集会室が避難所に早変わりすることにもなりそうだ。管理組合によってはそういう場合への準備を整えたり、訓練をしているケースもあるだろう。しかし、私が取材する限りでは、そういった意識の高い管理組合はほんの一部で、大半は何もしてない。特に、管理組合の存在しない賃貸マンションでは、緊急時のことなど何も想定していないところがほとんどであろう。

タワーマンションが林立している都心や湾岸エリアでは、そこの住人を数日の間でも収容しきれるほどの避難所が用意できるのだろうか。タワーマンションの人口密度はかなり高い。周辺の小中学校や公共施設だけではスペースが足りなくなるのではなかろうか。

マンションは、そもそも限られた敷地に多くの住戸を作るために生み出された、効率的な集合住宅である。とりわけタワーマンションはそのエリアの人口密度を極端に高くしてしまう住形態である。

そして、都心立地のタワーマンションの場合は、狭いエリアに集中的に建設される傾向があり、それが人口密度をますます高めるのである。

マンションは「電力」という、極めて文明化されたエネルギーシステムに支えられている。日本人が電力を当たり前のように使うようになって、まだ一〇〇年ほどである。そして、当たり前のようにマンションに住むようになってほぼ五〇年。

今や日本人にとって「電気が来る」という生活が普通。電気のない生活など考えられないが、マンションの住人にとって電力はとりわけ不可欠なものである。

戸建て住宅に住んでいれば、電力の供給が途絶えても数日程度ならさほど生活のクオリティを落とさずに過ごせるかもしれない。電気がなかった時代のように日の出とともに起き、日が沈むとろうそくなどに頼りつつも、できるだけ早く寝る。

しかし、マンションの高層階に住んでいると、電力なしには暮らせない。とりわけ、夏には兼好法師が言ったように「暑き比《ころ》悪《わろ》き住まゐ、堪へがたきことなり」ということになってしまう。

電力供給が止まる、という事態は今のところ地震などの自然災害くらいしか考えられないが、今後はテロなどでも起こり得る可能性がある。

一つ増えた地震による心配事

よく「タワーマンションは地震で倒れませんか?」といった質問を受ける。また、「湾岸の埋立地エリアは地盤が悪いので、地震で傾いたりしないか心配」、「埋立地だから液状化してしまったら大変」といったことを言う方も多い。

私はいつも「建築基準法通りに設計されて建設されている限り大丈夫です」と答える。また、液状化については「それによってマンション自体が傾いたり倒れたりするようなことはあり得ません」と言うことにしている。

地盤の強くない場所にマンションを建てる場合、N値という地盤の強度を示す数値が50以上ある、かなり強い支持層のある深さまで、必要な数の支持杭を打ち込むことが建築基準法施行令第三八条第三項の定めに基づいた構造計算などによって求められている。その基準通り施工されている場合、震度7程度の地震が発生しても、建物が傾くことはないはずだ。現に阪神・淡路大震災の際には、神戸沖に作られていた人工島であるポートアイランドのマンションが傾いたり、ましてや倒壊したといったことはなかった。

あの阪神・淡路大震災では、「新耐震」と「旧耐震」の違いによってマンションの被災度に差が出たとされている。新耐震のマンションには建て替えを要するほど損傷した事例はなかった。一方、建て替えが必要なほど被害を受けたのは、いずれも旧耐震のマンションだった。

一方、東日本大震災の時には埋立地である千葉県の新浦安や東京ディズニーランドのある舞浜では、液状化が広範囲に発生した。それによって、地盤改良工事を施していなかった三井不動産分譲の戸建て住宅が傾くなどの大きな被害を受けた。

しかし、あのエリアに林立しているマンションが傾斜したという事実は確認できない。建築基準法通りに施工されていたのだろう。しかし、地盤改良を施していなかった駐車場が液状化によって大きな被害を受けたマンションはいくつかあった。

二〇一五年の秋に発覚した横浜のマンション傾斜事件は、その支持杭の何本かがN値50の支持層に刺さっていなかったことが原因で発生したと考えられている。

あの事件で衝撃的だったのは、「支持杭がN値50の支持層に到達した」ということを示すデータを偽造する行為が、あの施工会社の一現場責任者だけが行っていた特殊事例ではなく、あの会社も含め、杭打ち工事業界全体の慣習のようになっていた、という現実である。

もし、「データ偽造」が全国各地にある様々なマンションの建設過程で行われてきたのなら、この国には一九八一年六月に改正された建築基準法施行令が定める新耐震規準を満たしていないマンションがいくつもある、ということになる。

ということは、これまで「新耐震だから大丈夫」と語られてきたマンションの安全神話が、単なる都市伝説になってしまうかもしれない。

あの横浜のマンション傾斜事件は、その後「建て替えがどうなるのか」にメディアの関心が移ってしまった。また、国土交通省も事件の波紋が広がることを何とか食い止めようとしている気配が窺える。

「このマンションの杭はどうなっているのか？」

「地震がきたら傾いたり倒壊しないか？」

そういった不安が広がれば、パニックが生じるかもしれない。それを恐れているのだろう。

しかし、データ偽造が他の技術者や業者でも日常的に行われていた、ということは事実である。そのことから目を背けたり、意図的に見ないようにするのは、問題から逃避しているに過ぎない。調べるべきはきちんと調べ、必要な対応を取るべきだろう。

最悪の事態は、震度7程度の大きな地震が発生し、新耐震基準を満たしているはずのマンションが大きく傾いたり、倒壊してしまうことだ。

気になるのは、東日本大震災で大規模な補強・補修を必要とする「中破」したマンションの中に、三四物件も新耐震基準で建てられたはずの一九八二年以降に完成したものが含まれていたことだ。今となっては分からないのだろうが、そのマンションの杭工事について詳しく調べてみるべきだったと思う。

第七章　マンションは日本人の健康を損なうか？

鉄筋コンクリートという異物

ヨーロッパでは、少なくとも古代ローマ時代から集合住宅というものが存在する。それはレンガと木材でできていた。コンクリートもローマ時代から使われていたが、鉄筋や鉄骨とともに使用されたのは、ここ一五〇年ほどのことである。

石やレンガではなく、鉄筋コンクリートを基本として建物を作る場合、高層建築が容易となる。レンガ造りでは、せいぜい一〇階建て程度までが限界である。日本国内なら、三階建てでも震度5強の地震に耐えられない可能性がある。

一九二〇（大正九）年に定められた「市街地建築物法施行令」の第五条第一項は、次のように定められていた。

煉瓦造建築物、石造建築物及木造建築物ハ高十三メートル軒高九メートルヲ、木骨煉瓦造建築物及木骨石造建築物ハ高八メートル軒高五メートルヲ超過スルコトヲ得ス

高さが一三メートルなら、マンションだと四階建てである。関東大震災は一九二三（大正一二）年。横浜では多くのレンガ造りの建物が倒壊したと伝えられている。また、浅草六区の有名な高層建築である凌雲閣《りょううんかく》が倒壊し、多くの犠牲者が出た。この建物は地上一二階であったが、一〇階までがレンガ建築だったという。以後、レンガ建築が地震に弱いことが日本人の間で常識化した。

つまり、日本で高層の集合住宅を作ろうと思えば、鉄筋コンクリート造か、あるいは鉄骨鉄筋コンクリート造や鉄骨造にせざるを得ないのが現状だ。

しかし、日本人は数千年にわたって木造を中心とした住宅に暮らしてきた。いわば「コンクリートの箱」ともいうべきマンションに、本格的に暮らし始めたのは高々ここ五〇年。

この大きな住環境の変化は、果たして日本人の健康にいかなる影響をもたらしているのであろうか。

体温を奪うコンクリートという素材

いくつかの気になる調査がある。

まず、コンクリートによる「冷輻射《れいふくしゃ》ストレス」だ。

『コンクリート住宅は9年早死にする』（リヨン社）では、木造校舎やコンクリート校舎で働く小中学校の教師を対象に、疲労の自覚症状についての調査を紹介している。それによれば、「『眠気、だるさ』『集中力困難』『身体違和感』とも、鉄筋コンクリート（RC）の校舎で働く先生たちのほうが多い。（中略）この調査は、場所と時を変えた追試でも、全く同じ結果が出た」とのことだった。その理由として、著者の船瀬俊介氏は、「冷輻射ストレス」、つまりコンクリートの冷輻射によって体熱が奪われ、免疫力が低下するからではないかと分析している。この分析が妥当なものであるかどうかは分からないが、無視はできないように思う。

ただし、この調査は学校の校舎でのものなので、マンションの住環境と直接比較するのは難しいかもしれない。例えば校舎ならば、冷たいリノリウムの床が多いだろう。木造に比べれば、体が冷えやすいと思われる。しかし住宅の場合は、コンクリート打ちっぱなしの家でない限り、フローリングやカーペットなどで覆われているので、そこまで冷えることはないだろう。

アレルギーとの関連

他には、鉄筋コンクリート住宅とアレルギーの関係を指摘する研究もある。

東海大学医学部元講師の逢坂文夫氏と宝島編集部によって著された『コワ～い高層マンションの話』(宝島社)に、小学生のアレルギー陽性反応が、一戸建てに住んでいる場合は四二七・九パーセントなのに対して、マンションも含めた集合住宅に住んでいる場合は四六・二パーセントにもなっている、というデータが紹介されている。

私は医学の専門家ではないので確かなことは分からないが、アレルギーの原因となるダニやカビは、木造住宅よりも鉄筋コンクリート住宅のほうが発生しやすいといわれている。

これは、換気の問題と考えれば理解できる。

二階構造が多い木造一戸建てに比べて、鉄筋コンクリート造のマンションはフラット構造。一戸建ての居室には二面以上に窓がある場合が多いが、マンションの中住戸（左右を他の住戸に挟まれた住戸）だとほとんど一面にしか窓がない。それだけ外気と接する面が少ないので、一戸建てほど換気がスムーズでない。

また、マンションは高層階になるほど風が強くなるので窓を開ける時間も自然と短くなりがちだ。換気が滞ると、アレルギーの原因となるダニやカビが繁殖しやすい。更に、鉄筋コンクリート住宅は、木造に比べて密閉性が高くて断熱性能が優れている。冬でも頻繁に暖房装置を働かせるとダニなどが生息しやすい空間となることは、多くの専門家が指摘するところだ。

高層階に住み始めた日本人たち

マンションには、コンクリートという人間にはあまり優しくない素材が大量に使われていることに加え、地上から離れた場所に普段の住居を定める「高層生活」という特徴がある。こちらのほうは、果たして人間の健康にどのような影響を与えているのか。

東京や大阪に限らず、地方都市においてもタワーマンションが大量に建設される時代となった。タワーマンションとは、通常二〇階建て以上の超高層の集合住宅をいう。不動産経済研究所の調べによると、首都圏における超高層マンションの竣工戸数の推移は図6の通り。これを見ると、二〇〇〇年あたりから竣工数が急激に増えていることが分かる。一般に普及し始めたのがこの時期とすると、まだ比較的新しい住形態といえる。

東京の中心部や湾岸エリアは、タワーマンションだらけだ。

私は常々、世界の先進国民の中で日本人ほどタワーマンションに喜んで住みたがる人種はいないのではないか、と考えている。なぜなら、郊外や地方のさして便利でない場所にまで、忽然《こつぜん》とタワーマンションが建設されたりするからだ。

これはそもそも、敷地の限られた都心部に多くの住宅を作るためには、まことに有効な手段であった。したがって、都心エリアにタワーマンションがあるのは「必要悪」だと考えたい。

なぜ「悪」なのかというと、まずは見た目である。

図6　タワーマンションの竣工戸数

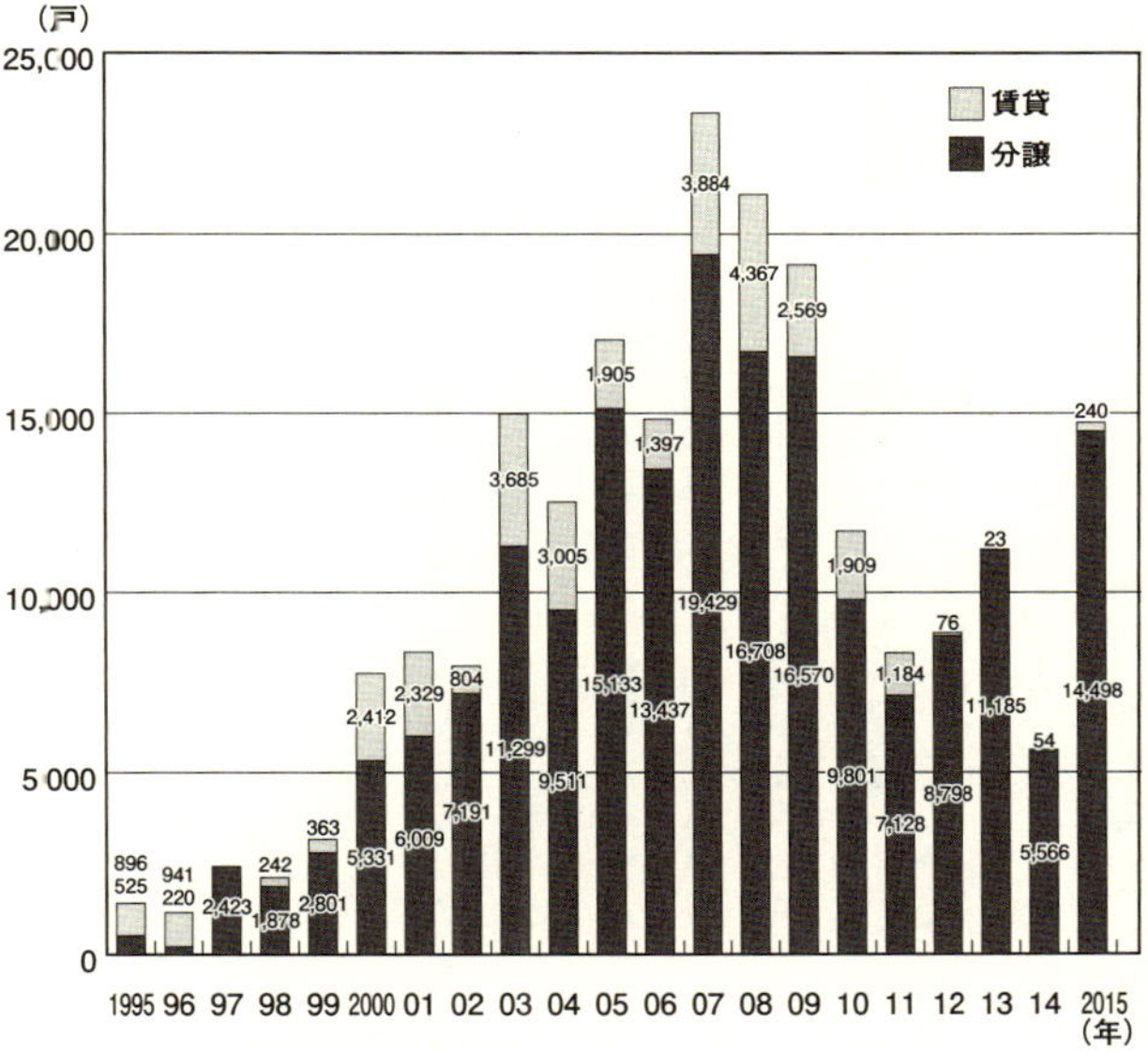

首都圏の20階建て以上のマンションが対象。
不動産経済研究所「不動産経済 マンションデータ・ニュース」(2016年4月21日) を基に作成

好みの問題もあるだろうが、タワーマンションは、高ければ高いほど外観は醜悪に見える。ただ、多くの日本人はそう考えないのだろう。だから、これほどまでに増殖してしまった。

高層住宅での子育ては危険？

イギリスでは一九七五年以降、タワーどころか普通の高層住宅でさえ、ほんの少ししか作られていない。なぜか。

チャールズ皇太子は現代建築がお嫌いだそうだ。とりわけ超高層建築を毛嫌いしていることは、イギリス国民の間ではよく知られている。彼は超高層の建築物に対して、はっきりと「醜悪だ」という意味の発言を行ってきた。だからイギリス国民は皇太子に遠慮して超高層建築をほとんど作らないのか。当然、そういうわけではない。

それは、一九七〇年代までに行われたいくつかの研究によって、「高層住宅で子どもを育てることは危険である」という認識が広まったからである。

この認識は、今や欧米諸国では常識化している。

例えば、一九七七年にユネスコの諮問団体であるＩＰＡ（International Play Association〈子どもの遊ぶ権利のための国際協会〉）が作成した「子どもの遊ぶ権利宣言」には、以下のような一節がある。

「高層住宅の建設に反対するとともに、すでにそこに住んでいる子どものためには、高層住宅が子どもの成長や家族生活に与える悪い影響をできるだけ緩和するよう適切な処置を講じさせること」

ハリウッド映画を観ていると、小さな子どもを育てている家庭はだいたいが郊外にある一戸建てだ。マンハッタンの真ん中にあるトランプタワーのようなコンドミニアムの高層階で小学生を育てている設定、というハリウッド映画は観たことがない。あったとしても、かなりのレアケースではなかろうか。

それはすなわち、多くのアメリカ人たちにとって「子どもを育てるにふさわしい環境」というのは、郊外の伸びやかな風景が見られる場所で、川や草原やボールパークがあるところなのであろう。

しかし、日本ではどうも違うようだ。

都心でも、郊外でも、高層階に住んで子どもを育てることに対して「おかしい」とか「子どもにふさわしくない」と考える親たちは、絶対少数派になっていると思われる。

もちろん、アメリカやヨーロッパに比べて日本の住宅事情はかなり異なるだろう。経済的な理由もあるかもしれない。

しかし、欧米諸国と日本では価値観が異なっていることも確かだと思う。仮に東京都心のタワーマンションの高層階に住む経済力があれば、郊外に庭付きの一戸建ては無理なく購入できるはずだ。

都心に暮らしたほうが子どもはレベルの高い塾に行きやすいし、偏差値の高い名門校へも合格しやすくなる。そのほうが子どものためだと考えれば、郊外の一戸建てよりも、都心のマンションに住んだほうが何かと好都合だ。低層階よりも高層階のほうが眺めもよくて爽快《そうかい》。ステイタス感も味わえる……。

更にいえば、郊外の一戸建ては資産価値が不安定だが、都心のタワーマンションは売りやすく、貸しやすい。それは紛れもない事実だ。

しかし、多くの人が見逃しているのは健康面だ。

人類のほとんどは、つい一〇〇年前まで地上から三〇メートルも離れたところを普段の住居にはしなかった。三〇年前までは、地上から一〇〇メートル以上高い場所で暮らしていた日本人など、数えるほどしかいなかったはずだ。

先ほども述べたように、超高層マンションが普及し始めたのは、この十数年だ。健康にどのような影響があるのか、まだ分からないところが多い。元気な大人はいざ知らず、小さな子どもや高齢者、妊婦が高層階を住居とすることで、どのような影響を受けるのか、未だに確かな結論は出ていない。

ちなみに、前出の逢坂文夫氏と宝島編集部による著書には、高層階に住むほど流産率が高くなるという調査結果も記されている。

タワーマンションに潜む健康問題

日本に超高層マンションが出現し始めた一九八一年に、日本建築学会で発表された論文がある。私の手元にあるその論文のタイトルは「超高層集合住宅居住者の住環境ストレスと健康2」。著者には渡辺圭子氏と山内宏太朗氏の名が記されている。

論文の「まとめ」の中にこうある。

「住環境ストレス度と心身健康度はかなり高い相関関係を有する」

この国でも、比較的早い時期に高層階に住むことによる健康への悪影響について、研究者たちの危惧があったことが窺える。

一方、医学研究者の織田正昭氏は『高層マンション　子育ての危険』（メタモル出版）という著書の中で、「高層階（14階以上）の子どもは、歯磨き、うがい、あいさつ、衣服の着脱など基本的な生活習慣の自立割合が低層階（5階以下）の子どもより低い」との調査結果を紹介している。

その原因を「外出しにくい高層階の母親と子どもはいつもべったりで、これによって、母親は目の前の子どもに干渉するようになり、結果的に子どもは自発的な行動がとりにくくなる」と分析。

加えて織田氏は、日常的に高層階で生活していると動物全般が自然に備えている「高所恐怖」という感覚が育たなくなり、「高所平気症」になるのではないかと指摘する。

また織田氏は、私生活の中で見聞きした、四階の部屋の中で飼われていたネコがベランダから転落した事故について、「私は今でも、あのネコは高所平気症を患っていたと思っています」と書いている。

ネコは本来、塀の上を平気で歩くくらいだから高いところには強い。しかし、ペット禁止のそのマンションではきっと、二四時間部屋の中で飼われていたのだろう。健全なレベルの高所恐怖感覚を養えなかったのかもしれないことを指摘している。

一方、ニュースを見ていると幼児や乳児のマンションからの転落事故が後を絶たない。なぜだろうか。

よちよち歩きの乳児には、まだ高所への健全な恐怖感覚が備わっていないのだろうが、幼児になれば、「高いところは怖い」、「落ちるかもしれない」、「落ちたら痛い」あるいは「死ぬかもしれない」と感じるのは、動物的な本能であるはずだ。

しかし、織田氏の指摘するように、生まれた時から高層階に住んでいる幼児には、そういった感覚が備わらないのだろうか?

転落事故が後を絶たないことからも、子どもが小さいうちは、高層階は敬遠したほうがよいかもしれない。

心停止の患者、二五階以上で生存率ゼロ

二〇一六年一月一八日発行のカナダの医師会誌「ＣＭＡＪ」（電子版）に発表された研究結果は衝撃的だ。

研究チームは、二〇〇七～一二年にトロント市などで、心停止で病院に運ばれた人のうち、居住階が分かった七八四二人を対象に調査を行った。病院に運び込まれた患者のうち、生きて退院できた割合は一～二階の四・二パーセント（五九九八人中二五二人）に対して、三階以上の住民では二・六パーセント（一八四四人中四八人）、そのうち一六階以上の住民では〇・九パーセント（二二六人中二人）。そして、二五階以上ではなんとゼロ（三〇人中）だった。

高層階ほど、救急隊員が駆け付け、搬送する時間が長くなるので生存率に影響するのだろう。対象となる人数にばらつきがあり、一概に比較できないが、救出に時間がかかることは間違いない。

最近では、電気ショックを与えて心臓に正常なリズムを取り戻すＡＥＤ（自動体外式除

細動器）の普及が進んでいる。除細動までの時間が一分経過するごとに、生存率は約七〜一〇パーセント低下し、三〜四分以上心臓が血液を送らなくなると、脳の回復が困難になるといわれる。まさに一分一秒を争う緊急事態だ。ＡＥＤも各階に設置するなどの工夫をしなければ、実際に役立てることができない。更に、エレベーターがすぐに到着しないことも考えられる。高層階に住むということはこのようなリスクもあるのだ。

タワーマンションの階層ヒエラルキー

ところで、二〇一六年の秋に放送されたＴＢＳドラマ「砂の塔〜知りすぎた隣人」が、タワーマンションの住民たちの間でかなりホットな話題になった。ドラマの中では、

「あの人は二階だから……」

「低層階の人は排除しましょうよ」

そんな刺激的なセリフが飛び交っていたのだ。

舞台は東京の江東区湾岸エリア、豊洲と思しき場所。第一話で主人公の家族が引っ越してくる。エントランスロビーからエレベーターホールへつながる廊下の突き当たりが左右

に分かれていて、片方が二五階以上、もう片方が二四階まで。ここで右に曲がるか、左に行くかでまず、ヒエラルキーが分かれてしまう、という設定。

実際、タワーマンションのエレベーターは混雑を避けるために階数別になっていることが多い。そこで、住人たちはいろいろな感情を抱くという。

私が取材したあるタワーマンションの住民は、事情があって同じ棟内の三一階から三三階に引っ越した。そのマンションのエレベーターは三二階を境に分かれていたそうだ。その人は、三一階に住んでいた頃は一階まで降りる途中階で誰かが乗ってきた時には「もう、遅くなるじゃない」とか「これじゃあ各駅停車ね」と、心の中でつぶやいていたそうだ。ところが自分が三三階に住んでみると、今度は上から降りてきたエレベーターに自分が途中で乗り込む立場に変わる。「なにか肩身が狭くなってしまって……」と考えるようになったという。

分譲マンションの場合、階数が上がるほど販売価格も高くなる。階数とともに、価格も「高いところに住んでいる」という思いが、満足感を高めているのであろうか。

実際、タワーマンションの住人に話を聞くと、自分が住んでいる階と他人のそれを比較して、妙な虚栄心に悩まされることも多いという。それが原因でノイローゼになり、マンションを売却して引っ越した、という人も私の周りではかなり多い。逆に「そういうことは全く気にしない」という人もいる。結局のところ、心の持ちようなのかもしれない。

ある調査がある。

二〇一〇年一月に明治大学住環境研究会が発表した「豊洲タワーマンションアンケート調査結果」では、アンケート回答者三〇六家族に対して、中学校卒業時の居住地が東京都の夫は約七〇人、妻は約六〇人。それぞれ五分の一前後に過ぎない。つまり、東京都以外の出身者が大半なのである。

私の知る限り、湾岸タワーマンションの住民の多くがITベンチャーや金融、不動産系の新興企業に勤める高年収層で、だいたいがニューカマーだ。つまり学生か社会人になる時に東京に移住してきた人々が多数。明治大学住環境研究会の調査と合致している。

そんな彼らが、自分の成功の証《あかし》として選ぶのが湾岸のタワーマンションなのであろう。彼らの購入した住戸の「階数」とは、成功の証を数値化したものなのかもしれない。逆にいえば、それを超える階の住戸を「買えなかった」という事実も、彼らは強く心に受け止めているはずだ。それだけに「階層ヒエラルキー」を発生させたり、それを受け入れる心理的な土壌を持っている。実際にも、その傾向は強いと感じる。

TVドラマ「砂の塔~知りすぎた隣人」では、最上階に住む企画会社を経営する社長の妻が「ボスママ」という設定。いわゆる幼稚園の「ママ友グループ」に君臨して、菅野美穂が演じる主人公を「これでもか」と苛《いじ》めていた。更に、ボスママに隷従する上層階グループのママたちが、下層階に住むママ友を蔑《さげす》む。まあ、ドラマの設定としてはよくできていて、構図も分かりやすい。

それで、「実際にそういうことがあり得るのか」と聞かれると、私は「十分にあり得ますから、気を付けてください」とお答えしている。少なくとも、私は何人かのタワーマンション住人から、ドラマ同様の赤裸々なエピソードを聞いている。

このように、人によっては階層ヒエラルキーによって相当な精神的なストレスを受ける。それが過度になれば、健康にも悪影響があるだろう。

第八章　マンションの未来を拓《ひら》くために

社会問題化する老朽マンション

先に述べたように、日本では一九二〇年代に同潤会アパートと呼ばれる現在のマンション風の集合住宅が建設されたが、それらはもはや一棟も残っていない。

アメリカに目を移そう。

日本人でもよく知っているウールワースビルが建設されたのは一九一三年、エンパイア・ステート・ビルは一九三一年。前者はすでに一〇〇年以上、後者も八〇年以上が経過しているが、未だ現役である。住居用では一九三一年築のセンチュリー・アパートメント・ハイツがある。いずれも鉄骨造だ。

日本のマンションは、ほとんどが鉄筋コンクリート造である。鉄骨造と比べれば、コンクリートの劣化度がやや不透明な点もあるが、寿命は一〇〇年と想定して未来のことを考えるべきだろう。

日本における初期のマンションブームは一九六〇年代に発生した。それらのマンションの多くは、すでに築五〇年を超えてきている。今後、築五〇年超のマンションは加速度的に増加する。そして、それらは決して減少することがない。

更に、築六〇年、築七〇年のマンションが次々と出現する。これは避けられない未来なのである。我々は、これにどう対応すればいいのか？

「そんなもの、建て替えればいいじゃないか」

そんな声が聞こえてきそうである。しかし、ことはそれほど単純ではない。というか、現行法制度の下では、ほぼ解決が不可能である。

あと一〇年で廃墟マンションが増える

国土交通省が公表している資料（図7）によると、二〇一六年の四月一日時点で建て替

図7　マンション建て替えの実施状況

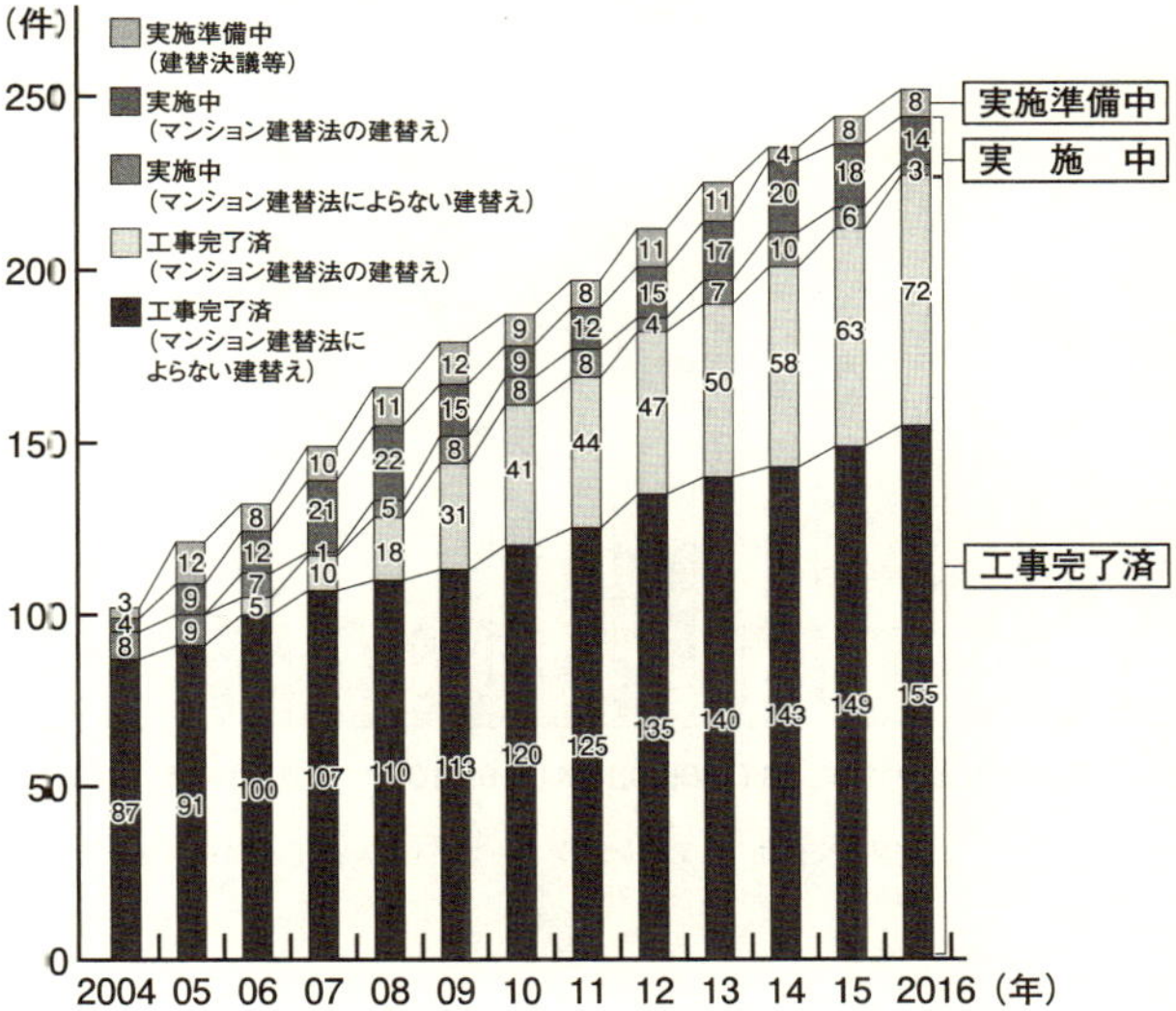

※国土交通省調査による建替え実績及び地方公共団体に対する建替えの相談等の件数を集計
※阪神・淡路大震災による被災マンションの建替え（計109件）は、マンション建替法による建替え（1件）を除き含まない
※過年度の実績は今回の調査により新たに判明した件数も含む
※2004年・2005年は2月末時点、2006年・2007年は3月末時点、2008年以降は4月1日時点の件数

国土交通省「マンション建替えの実施状況（平成28年4月1日現在）」を基に作成

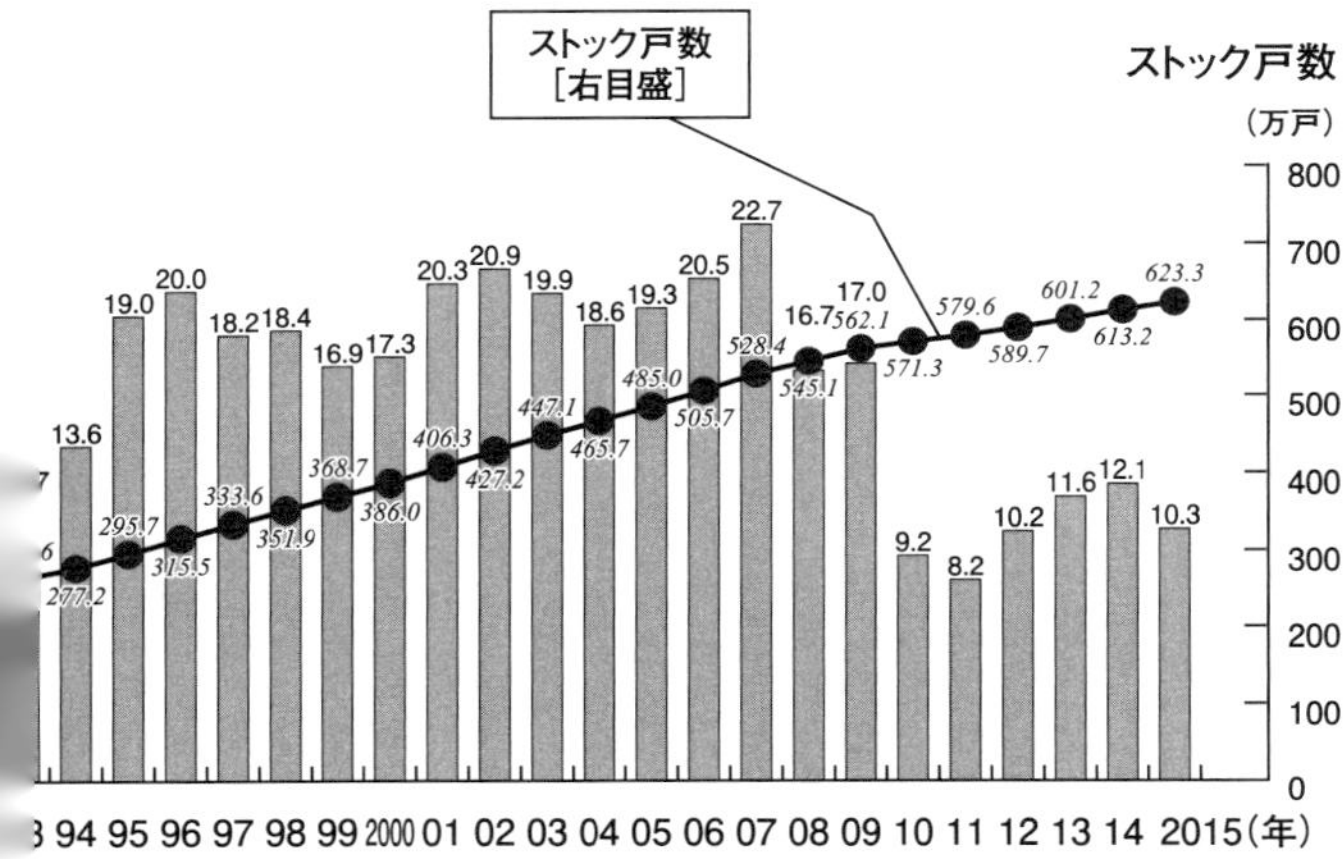

国土交通省「分譲マンションストック数（平成27年末現在）」を基に作成

えが実現した分譲マンションの件数は準備中まで含めても二五二しかない。

これに対して、図8で示すように二〇一六年における「築四〇年以上」のマンションは推定で五六万戸。一棟五〇戸平均と仮定すると一万一二〇〇棟ということになる。乱暴に比率を出すと、築四〇年超のマンションの二・二五パーセントで建て替えが行われたか、計画されている。残り九七・七五パーセントはどうなっているのか。

現実的に考えると、建て替えの

図8　全国のマンションストック戸数 2015年末現在　約623万戸

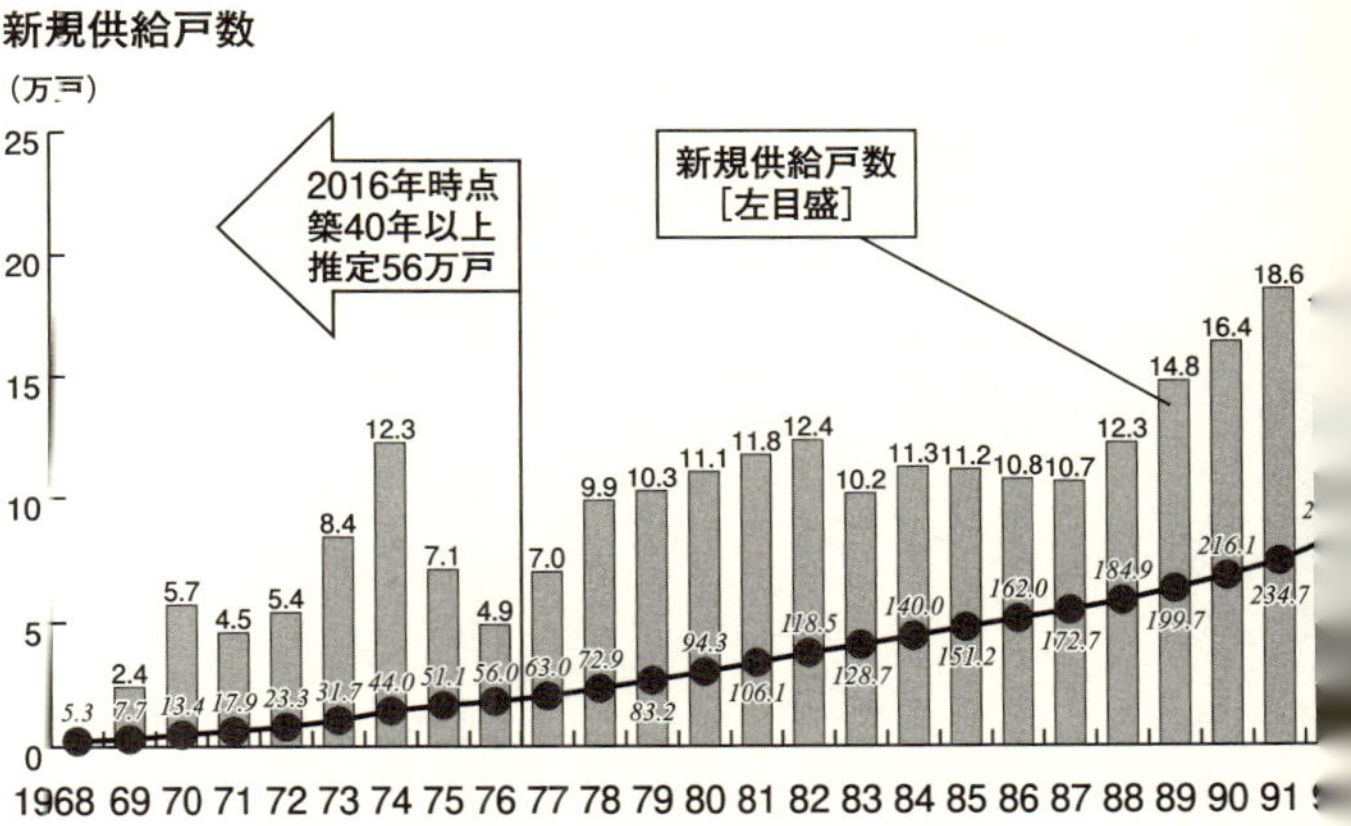

（注）1. 新規供給戸数は、建築着工統計等を基に推計した。
2. ストック戸数は、新規供給戸数の累積等を基に、各年末時点の戸数を推計した。
3. ここでいうマンションとは、中高層（3階建て以上）・分譲・共同建で、鉄筋コンクリート、鉄骨鉄筋コンクリート又は鉄骨造の住宅をいう。
4. マンションの居住人口は、平成22年国勢調査による1世帯当たり平均人員2.46を基に算出すると約1,530万人となる。

計画さえ話し合われていないマンションがほとんどだろう。

二〇一五年のことだが、私のところへあるテレビ局から奇妙な依頼が舞い込んだ。

「老朽化していて廃墟になりそうなマンションを取り上げたいので、協力してください」

実は、私もその問題に対しては取材のテーマにしようと考えていた。渡りに舟のような話である。

さっそくディレクターと連絡を取り合って、首都圏の廃墟化しそうなマンションを訪ね歩いた。

しかし、「まさに廃墟になっている」というマンションを見つけることはできなかった。ただ、「あと一〇年経てば確実に廃墟になりそうだ」というマンションは、いくつもあった。

その取材の過程で出会った、ある社長の言葉が印象に残った。彼は、廃墟化しそうなマンションを何か所も私たちに教えてくれていた。

「廃墟化するマンションを、私たちは救うことはできません。私たちにできるのは、ただ『看取《みと》る』だけです」

その社長とは、横浜で「横浜サンユー」という会社を経営している利根宏氏。彼の会社は、なんともユニークだ。

「私は、父が経営していたマンションの管理会社をいやいや引き継いだのです」

その会社が管理業務を受託しているマンションは、なぜかあるリゾートエリアに集中していた。そのエリアのリゾートマンションは、彼が引き継いだ時点ですでにかなり老朽化が進んでいたのだ。

そのうち、彼の管理会社は半ば「老朽マンション専門」のようになった。

一九六〇年代に分譲されたマンションには、管理組合さえ組成されていない物件が多いという。ましてや管理規約も整っていない。当然、管理費などの徴収事務も粗雑。滞納があっても放置されてしまう。

そうなると、管理会社への業務委託費が払えなくなる。管理会社は、委託費が支払われないマンションの管理業務を停止せざるを得ない。ただし、管理業務の基本中の基本ともいうべき、会計事務だけは誰かが行わなければいけない。

利根氏の会社は、いつしか「老朽マンション専門」から「管理組合の会計事務が専門」の会社に衣替えしていた。

その利根氏が「救えない」と断言し、「看取る」しかないと言いきるのが、老朽マンションの運命なのである。

建て替えられない理由

なぜ、多くの老朽マンションには「建て替え」という救済策が適用できないのか。

その理由は、主に建て替えるための資金である。

東日本大震災の復興事業が始まる前後から、マンションの建築コストが上昇し始めた。現状では一戸当たりの建築コストは二二〇〇万円程度が目安になっている。

老朽化した分譲マンションの区分所有者全員が、この二二〇〇万円というコストを負担できるのなら、大きな問題はない。しかし、現実的にそういった事例を私は知らない。

例えば、総戸数五〇戸のマンションで建て替えを行う場合、五〇人の区分所有者が全員二二〇〇万円の資金を用意できるなどということは、まずないだろう。

建て替えを考えるほどのマンションは、まず築三〇年以上である。分譲当時の区分所有者が半分残っていると考えると、かなり高齢化している。多くは年金生活だろう。そんな彼ら全員に二二〇〇万円が負担できると考えるのは、現実的ではない。だから、普通に建て替える場合はまず、資金的に不可能となる。

「五分の四の賛成」という壁

一方、法制面でのハードルも低くない。

横浜で起こったマンション傾斜問題に触れた際に説明したように、建て替えを行うためには管理組合の総会において区分所有者の五分の四の賛成が必要である。これも、普通の築三〇年超のマンションの管理組合においてはウルトラC級の難易度である。

組合によっては、連絡の取れない区分所有者だけで五分の一を超えていることすらある。そういった組合が建て替えという賛否が強く分かれる議案を出して、五分の四の賛成を得ることはまず不可能だ。

先に述べたテレビ局の取材に協力していた時も、取材先の管理組合が建て替え決議臨時総会を開き、見事に否決されるケースに遭遇した。その大規模マンションでは、賛成派と反対派がお互いにホームページを開設して、誹謗《ひぼう》中傷寸前の非難合戦を繰り返していた。それは一種の悲劇と呼ぶべき情景であった。

一方、比較的和気あいあいと建て替えの話し合いが続き、見事に建て替えを成功させているケースも、数少ないながら存在する。先にあげた国土交通省の資料によると、二〇一六年の四月一日時点で、建て替えの工事が完了しているマンションは二二七件だ。

こういった成功例のほとんどは、区分所有者の建築コスト負担がゼロのケースだと推測される。つまり、区分所有者全員が建築コストを一円も払わずとも、元の住戸と同じ床面積の新しい住戸を得る、という事業スキームの下に建て替えが行われたのだ。

建て替えを可能にする条件

なぜそういうことができるのか。

それを可能にするための条件は大きく二つある。

1　マンション需要の強いエリアにある

2　敷地の容積率が大幅に余っている

この二つの条件をクリアしている場合、建て替えは比較的容易である。

なぜなら、建て替えた場合に以前の住戸分に加えて新しい住戸をたくさん作れるからである。その新しい住戸を売却することで建築コストと利益が出る事業スキームであれば、名乗りを上げるデベロッパーは何社も出てくる。管理組合は、数社からコンペ形式で提案を受けて、選択することさえ可能なのである。

ただ、そういう幸運な老朽マンションは、おそらく全体の五パーセントもないだろう。まず、郊外型の老朽マンションは、ほぼ不可能である。なぜなら、すでに郊外型マンションの需要は衰退しきっている。郊外では、新たに分譲マンションを開発分譲しても、販売に困難をきたすエリアがほとんどになっている。

都心や人気エリアにあっても、容積率が余っていなければ新たな住戸を作ることができない。中には、建て替えると床面積を少なくしなければならない既存不適格のマンションもある。そういった老朽マンションの建て替えは、現状の法制度では不可能なのである。

利根社長が「看取るしかありません」と嘆息するのは、そういう現状を嘆いているのである。

現状に合わない区分所有法

繰り返すが、区分所有法が制定されたのは一九六二年のことだ。その当時、この法律を起草した人は五〇戸からせいぜい一〇〇戸程度のマンションしか想定していなかったと思われる。しかし、今では数百戸規模のマンションが数多く存在している。また、現状のように築四〇年超のマンションが全国に五六万戸にも増える事態も想像していなかったはずだ。

区分所有法は、すでに現状と合っていない。

そこで、「マンションの建替え等の円滑化に関する法律（マンション建替え円滑化法）」という新たな法律が二〇〇二年に成立し、二〇一四年に一部改正された。

しかし、これは手続きの一部を簡素化したのみで、区分所有法で定めた基本形から大きく飛躍はしていない。基本的には五分の四の賛成が必要である。

このままでは、老朽化する分譲マンションに「出口」はない。

一方、老朽化した賃貸マンションは続々と建て替えられている。

賃貸マンションにおいては、賃借人さえ立ち退けば建て直すか否かはオーナーの意思と資金力次第。オーナーに建て替えの意思があれば、比較的容易である。居住ニーズのある立地であれば、建築コストは土地を担保にすることで金融機関から融資を受けられる。

オーナーが公的機関なら、資金面ではほとんど問題がなくなる。

その典型的なケースは、旧公団や公社の団地である。いわゆる団地は、分譲タイプよりも賃貸が主流であった。公団や公社は、賃貸に出している物件数が豊富だ。それらを代替の住居として居住者に提供することで、立ち退きも比較的スムーズに進む。

一九六〇年代、一九七〇年代に建てられた公社・公団系賃貸の団地は、続々と建て替えられている。あるいは、民間のデベロッパーに土地が払い下げられて、分譲マンションとして開発・販売されている。

住宅が不足していた時代に公団や公社が担っていた「量の供給」という使命が終わっている以上、老朽化した賃貸住宅の敷地が民間デベロッパーに払い下げられているとしても、それはこの国の住宅供給の大きな流れに乗った変化であろう。

この流れに大きな問題はない。

深刻化する「管理費未納」問題

我々がマンションと日本人の幸せな関係を築くために考えなければならないのは、老朽化しつつある分譲マンションの「出口」である。

老朽化したマンションでは、必ず管理費の未納が増加する。これは、区分所有者が高齢化することと大きく関係する。

中には、相続者がいないままこの世を去る区分所有者もいる。これは現に起こっている現象だ。そういった住戸の管理費は徴収のしようがない。

管理費の滞納が増えると、管理会社への支払いに支障が生ずる。管理会社の業務サービスが受けられなくなったマンションは、徐々にすさんでいく。

そこに待っているのは、スラム化や廃墟化である。それを避ける方策を、我々はなるべく早く探り出さなければいけない。

今や分譲マンションという日本人にとっての新しい住形態は、供給という入り口ではなく、終焉《しゅうえん》という出口を見つける段階に入っているのである。

マンションは日本人の住まいの主流になる

今後、マンションに住む日本人は増えこそすれ、減ることはないだろう。

庶民的な住宅で考えたとする。同じ金額で購入できる新築のマンションと木造一戸建てを比べると、ほぼマンションのほうが広くて快適に暮らせるはずだ。エアコンを使用する、という条件下ではマンションのほうが夏涼しく、冬は暖かく過ごせる。

郊外の庭付き一戸建てを購入して住んでいるが、高齢となって何かと不自由。広い住まいや庭の手入れも大変なので駅に近くてコンパクトなマンションに引っ越す、というようなケースが増えている。

かつて、都心周縁の木造アパートから始まって、公団賃貸、近郊の小さな分譲マンション、そして最後は郊外の庭付き一戸建てという「住宅双六《すごろく》」があった。団塊世代以上の住み替えステップの理想パターンを表していた。

しかし、実は郊外庭付き一戸建てが「上がり」ではなく、最後は「駅近コンパクトマンションに老夫婦で住み替え」というのが最近の傾向。

これは、高齢者にとっては庭付き一戸建てよりも、マンションに住んだほうが総合的に「暮らしやすい」ということを象徴的に表している現象だ。つまり、今の日本人はかつて先祖が暮らしてきた木造一戸建てという住形態を手放し、マンションへ向かおうとしている。

そうであるならば、なおさらこの「マンション」という高々五〇年ほどしか我々日本人とは馴染みのない住形態についてもっと深く考え、様々な利点と害悪についても科学的に研究すべきではなかろうか。

であるにもかかわらず、供給側のデベロッパーやゼネコンはもとより、監督官庁の国土交通省や厚生労働省まで「量の供給」が求められていた時代の感覚そのままで、都合の悪いことはすべてほっかむりで済ませてどんどん前へと突っ走っている。

一〇〇年後、日本人はマンションに住んでいるか?

日本人は数千年にわたって、木造住宅に住んできた。鉄筋コンクリート造のマンションには、本格的に住み始めてまだ五〇年ほどである。

では、一〇〇年後に日本人はどんな住まいに住んでいるのだろうか。それは鉄筋コンクリート造のマンションなのか、それとも木造住宅なのか。あるいは、それらが融合された住まいなのか。それとも、鉄筋コンクリート以外の、我々がまだ知らない新たな素材を用いた住まいに住んでいるのだろうか。

今のマンションの主要な素材となっている鉄筋コンクリートには、「安価で建築工事が容易」、「堅牢で耐久性能が高い」といった優れた点が多いが、健康面や環境面においては数々の問題点も抱えている。

近い将来、この鉄筋コンクリートのデメリットを払拭《ふっしょく》しつつ、なおかつ価格や建築工事の汎用度に勝る素材が開発される可能性にも期待したい。

一〇〇年前の日本人が、鉄筋コンクリート造のマンションを想像できなかったように、我々は今、一〇〇年後の日本人の住まいの姿を何も描けていないのかもしれないのだ。

また、高層階に住まうことに関しても、成人の場合は概ね安全と考えてよいものの、乳児や幼児の健康などについてはまだまだ深く探らねばならない点が多い。

前述のように、高層階居住者に流産率が高いと指摘する研究もある。まだ本格的な追試が行われていないので、軽々に結論を出せるものではないが、高層階居住が人間の健康にどのような影響を与えるのか、様々な分野での深い研究が必要ではないか。

今後、日本人がマンションで暮らすことによって幸せになるには、供給側の業界の視点に偏らずに、居住者側の視点を重視した科学的な探求が求められる。

ところが、その役割を担うべき国土交通省や厚生労働省は、「鉄筋コンクリート」や

「高層居住」というマンション居住の骨格ともいうべき基本テーマに関する研究には、恐ろしく不熱心である。むしろ、問題点があったとしてもあえて覆い隠そうとしている姿勢さえ窺える。

これでは、お役所特有の「臭いものには蓋《ふた》」、あるいは「事なかれ主義」の典型ではないか。そこに、私は大いなる疑問を感じる。

私有財産権の制限は不可欠

賃貸マンションはさておき、老朽化した分譲マンションがスラム化や廃墟化の危機にさらされる要因の一つは、間違いなく私有財産権を過剰に保護している現行の法制度にある。

人間の身体が老化すると動脈硬化を起こして血液の流れが悪くなるように、分譲マンションが老朽化すると、管理運営上の様々なシステムが機能しなくなる。

マンションは、器であって生き物ではない。ましてや、そこに住む人の健康や幸福以上の価値を持っているわけではない。そこに暮らす人の健康や幸福以上に、マンションという器の存続を優先させることはないのである。

現行の法制度は、区分所有者の権利を過剰に保護するあまりに、器としてのマンションが機能を失っていくことを許容している。悪意の管理者の専横を許し、公共の利益よりも私的な都合を優先する権利者を保護し、過剰なまでに私有財産権を保護している。

それに対抗するには、区分所有法は悪意の管理者が現れることを想定した内容に改定されるべきである。具体的には理事や管理者（理事長）への監視機能の強化。運営の透明化。管理者をリコールするシステムも、今より民主的に改めるべきだろう。

また、「共同の利益に反する行為」を行った者に対する強制的な排除規定を強化すべきだ。現行法では管理規約に反した区分所有者の権利を制限するために、複雑な手続きを求めすぎている。

現在、政府部内には区分所有法の「四分の三」規定を「三分の二」に緩めようとする動きがあると聞く。これは早急に行うべきだ。更に、議決権を行使しない区分所有者に対しては何らかのペナルティを課す必要がある。例えば、「五回以上連続で行使されなかった議決権は、議決権の総数より除外して決議要件を判断」などが考えられる。これによって、現行の「四分の三」や「五分の四」というハードルは低くできる。

建て替えについての「五分の四」規定も、「四分の三」に緩めることが望ましい。更に、反対者が退去しない場合の措置を明確化し、手続きも簡素化すべきだ。民主主義は「少数者の意見も尊重するが、正式な手続きを経て決められた事柄には従う」という原則があって初めて機能する。その精神を逸脱してまで少数者の権利を保護するのは過剰だと思う。マンションは集合住宅である。管理組合は共同体だ。国民は国会で議決された法律に従わなければ罰せられる。マンション管理においても、この原則を徹底すべきである。

マンションの「管理」は「政治」と同じ

フォーマルなパーティでは宗教と政治の話はタブー、というのがアメリカ人の常識的なマナーだと聞く。

ただ「政治に全く関心がない」というのは、社会人としてやや疑問が残る。「選挙に行ったことがない」というのも、あまり自慢できることではない。

これを分譲マンションに置き換えれば、「管理費は払うけれど、管理には無関心」、そして「総会に出たことはないし、委任状も出したことはない」ということになる。どちらも共同体の一員としては褒められたことではない。

民主主義国家の国民には参政権があるが、おかしな政治家を選んで困るのも国民である。我々日本人は、とりわけそのことについてはよく理解できるはずだ。

マンションでも同じである。管理組合の活動には参加せず、一切関心を示さず、総会に出ず、委任状も出さないでいたら、ある日修繕積立金が何億円も横領されて消えていたとしても、それは結局のところ一人ひとりの区分所有者の責任。損害を被るのも区分所有者である。

マンションの区分所有者になるということは、そのマンションのお客さんになることではない。共同体の責任ある構成員になることだ。

日本人が今後、「区分所有」という文化に適応し、うまく機能させていくためには「民主主義」という政治システムに対する成熟が必要なのかもしれない。そして、マンションの「管理」は「政治」である、という簡明な事実に気付くべきだ。

エピローグ――二つのマンションの奇跡

さて、「マンションと日本人」というテーマで様々に書いてきたが、その不幸な面や問題点を語りすぎたかもしれない。マンションとは基本的に、日本人を幸せにする新たな住まいのスタイルでなければならない、と私は考えている。

だから最後に、日本人がマンションという新たな住形態を得たことによって、幸せがもたらされているケースを二つほど紹介したい。賃貸マンションと分譲マンションを一つずつ。いずれも我々日本人にとって「マンション」という住形態が、「幸せに導く存在である」ということを強く確認できる事例だと思う。

沢田マンションという幸せの形

「薊野」という、JRの高知駅から北へ車で一〇分ほどのエリアがある。この「薊野」という地名は、高知市の住人でもなければ読めないだろう。「あぞうの」と発音する。

ＪＲ四国の土讃線には「薊野」という駅がある。電車の本数は日中なら一時間に二本程度。ＪＲ「高知」までは一駅である。この駅、鉄道マニアならちょっと喜ぶかもしれない。「高知」に向かって右側の線路とホームから高知行きの電車が到着・発車する。普通とは逆だ。私は日本国中の電車に乗ったわけではないが、「右側通行」の鉄道は初めてで戸惑った。

その電車も一両編成の時もある。そこは無人駅で、なおかつワンマン運転。薊野というのは、それだけののんびりした地域なのである。

その薊野に、おそらくある面で「世界一」ではないかというマンションがある。どのような意味で世界一かというと、この総戸数約七〇戸の規模になる鉄筋コンクリートでしっかりと作られているマンションは、一組の夫婦がセルフビルド（自己建築）という手法で作り上げたからである。

この夫婦のいずれも、修業を積んだ大工でも専門教育を受けた建築家でもない。「家を建てる」ということに関する豊富な経験や知識はあったが、突き詰めれば素人である。そんな夫婦が、長い年月をかけて、地上五階建て、約七〇戸の「沢田マンション」を建築し

沢田マンション（著者撮影）

たのである。こういう建造物は、おそらく世界のどこにもないのではなかろうか。そういう意味で「世界一」なのである。

この「沢田マンション」については、すでに『沢田マンション物語』（古庄弘枝著・講談社＋α文庫）と『沢田マンションの冒険』（加賀谷哲朗著・ちくま文庫）という二冊の良書がある。詳細をお知りになりたい方は、そちらに当たっていただきたい。ちなみに、ご主人の沢田嘉農さんは、残念ながら二〇〇三年にお亡くなりになった。

これまで、テレビをはじめとした様々なメディアがこのマンションの取材にやってきたという。奥様の裕江さんは、ややうんざりという表情で「もう二六回くらい放送されましたよ」と話されていた。そして「どこも、いつも、おんなじことの繰り返し」と。さもありなんと思う。

テレビというのは、どこの局もかなり強引で手前勝手な取材をするものだ。そういうことに二六回も協力されたのかと思うと、むしろその忍耐力には頭が下がる。裕江さんは「だからもう、断っているのよ」と言う。

私は、沢田裕江さんにお話を聞くにあたって、前日に沢田マンションの宿泊システムを利用して泊まらせていただいた。推定二五平方メートルほどの広さの部屋。キッチン、バスルーム、トイレなどが付いている。一部、やや古いものが使われているが、すべて正常に機能していて快適だった。つまり、この「宿泊専用室」を運営している沢田家の人々によって、きっちりと管理されているのだ。

沢田マンションは古い。

沢田嘉農さんと裕江さんによって建設が始まったのは一九七一年。そして、二年後には現在の沢田マンションの原型が完成する。重機をほとんど使わない、本当の意味での「手作り」であることを考えると、驚異的なスピードといわざるを得ない。

建設中、嘉農さんと裕江さんは一年三六五日ほぼ休みなく作業したという。特に嘉農さんは、明るいうちは建設作業を行い、暗くなると翌日の作業について懸命に思案したという。だから、沢田マンションには「設計図書」はない。設計図は嘉農さんの頭の中にあったのだ。

二〇〇〇年代に入り、東京で建築を学ぶある大学院生が沢田マンションの魅力に取り付かれ、修士論文とともに実測図面を製作した。その詳細を語っているのが、前述の『沢田マンションの冒険』である。

不動産物件的な表現をすると、沢田マンションは「築四四年」ということになる。建物は、確かに築四〇年以上の経過を思わせる。更にいえば、建築士が図面を引き、建設会社が施工した建物とは明らかに趣が違う。共用廊下がまっすぐに伸びているわけではないし、柱の位置が直線状に並んでいるわけでもない。外観を見ても、西側と東側では形の違うところがたくさんある。

面白いのは、各住戸の玄関扉の素材が全戸バラバラなのだ。私が泊めていただいた宿泊用の住戸では、木製建具のような造りだった。住戸によっては、古い事務所用のアルミ製建具だったりする。前述の『沢田マンション物語』にはこう書かれている。

すべての部屋を異なったものにする――。これは建設当初から意図されたことだった。部屋を効率よく作るなら、他のマンションと同じように、何パターンかの画一的な部屋にした方が断然楽である。しかし、沢田マンションでは、あえてそうしなかった。同じパターンの部屋を量産するのは「小判のようでいやだ」と。「それじゃあ、鶏小屋のケージのようで芸がない。第一、自由な精神が感じられない」からだと言う。沢田夫妻には、効率・能率よりも大事なものがあるのだ。

このマンションを眺めていて、あるいはひと晩ではあるが泊まらせていただいて、更に住まう方を眺めて、感じることが二つあった。

まず、安心感がある。

建物は決してキレイとはいえない。しかし、いかにも頑丈そうである。本物の建築家が見ても、感心するほど「よくできている」のだという。四四年の間には地震や台風もあったことだろう。しかし、あの建物なら多少の被害はあっても大丈夫だろう、と思わせる安心感があった。

次に、何とも「人間くさい」。

例えば、共用廊下には様々なものが置かれている。普段は使わない生活用品や、そのうち粗大ゴミに出さざるを得ないと見受けられる品々である。しかし、不思議と不潔さは感じなかった。漂ってくるのは、そこで明らかに誰かが暮らしている、という「人間くささ」である。しかし、これも不快ということではない。「ああ、住んでいらっしゃるのですね」という感覚だ。

本書でも紹介した映画「東京物語」に出てきた、紀子が住んでいたと考えられる同潤会アパートの雰囲気に近い。一九七五年頃までは下町でよく見かけた長屋の風景ともよく似ている。

この沢田マンションには多くのファンがいる。ある意味、「聖地」のような存在ではないかと思う。わざわざここに住むために高知市へ移住する人もいるそうだ。あるいは、マンション内で引っ越しを繰り返す人もいる。一度出ていって、また戻ってくる人も多いという。

私がいた一泊二日の間に、中学生や小学生を何人も見かけた。食事ができるお店や、何かを売っている店舗のような住戸もある。ピアノ教室になっている住戸もあった。

入居の可否は、人物本位だそうである。市役所に頼まれてDVから逃れてきた母子を入居させたこともあるという。

私が得たイメージは、古典落語に出てくるような裏長屋。集まって住むことの楽しさも、面倒くささも併せ呑《の》むような住まいが、沢田マンションなのである。

このマンションはかなり古いが、この先何十年でも今の形で継続するだろう。沢田嘉農さんはすでに亡くなり、今は妻の裕江さんの時代ではあるが、三人の娘さんとその旦那さんたちに沢田マンションの運営ノウハウやセルフビルドの能力はしっかりと受け継がれている。更に裕江さんの孫にあたる方々の中にも、建築系の仕事についたり学校に通っている人が何人もいらっしゃるとか。

どこかを修理したり、あるいは増築するにしても、かかるのは材料費だけ。あらゆることがセルフビルドでできてしまう。それが何よりの強みではなかろうか。

そういったマンションに暮らすことに喜びを見出す人々がいる。私が訪ねた時は満室状態。ここ最近ではリーマン・ショックの直後に空室が続いたことがあったくらいで、あとはほぼ満室だという。

沢田マンションは、沢田家の人々にとっても入居者たちにとっても「幸せ」を導いているのではないかと思う。何よりも、そこに住むことを喜びとする人々がしっかり存在していることがそれを表している。

白金タワーの挑戦

分譲マンションの管理はある意味で政治であり、民主主義のルールが適用されることは述べた。民主主義は、うまく機能すれば素晴らしい統治システムである。日本の民主主義がうまく機能しているかどうかはここで云々しない。しかし、私はそれがうまく機能している分譲マンションを知っている。

それは、東京都港区白金一丁目にある分譲マンション「白金タワー」である。地下鉄南北線・都営三田線の「白金高輪」駅から徒歩一分。地上四二階、全五八一戸。二〇〇五年の竣工だから、すでに築一〇年以上が経過している。

ここの管理組合法人には明確なビジョン、目標がある。それは築三〇年の時（二〇三五年）には白金タワーを「管理を磨いてヴィンテージマンションと呼ばれる存在にする」ということだ。

そのために何をしているのか？　これが実に明解である。

まず、財務体質の強化。必要な時に必要な修繕工事が行えるように、十分な額の修繕積立金を蓄える。すでに管理組合の「資産」でもある修繕積立金の残高は一八億円を超えている。

更に、管理組合の財務を厚くするため、豊富な共用施設の有効活用が図られている。まず、白金タワーは商業施設も含んだ複合開発案件なので、外部に貸し出している時間貸し駐車場の収入が大きい。更に、外部にも貸し出しできるセミナールームの稼働率を高める施策が取られている。

他のマンションにないユニークな施策としては、「タワーマンション型地域包括ケアシステム」（図9）の構築を目指しているところだ。これはまず、居住者の高齢化に対応し

図9　タワーマンション型地域包括ケアシステム

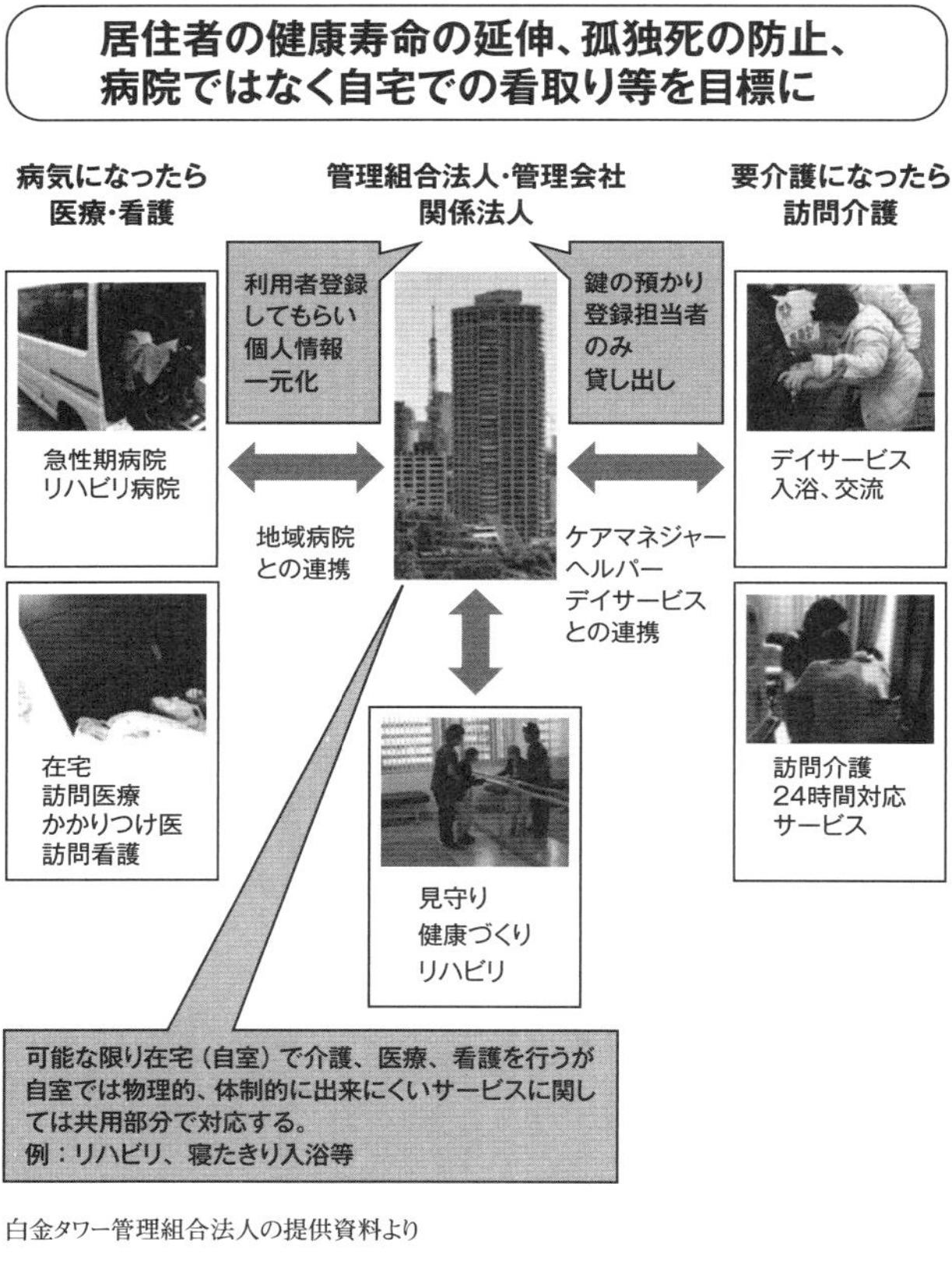

白金タワー管理組合法人の提供資料より

てデイケアや在宅介護・看護などを支援するシステムをマンション内で構築。トレーニングルームをリハビリセンター兼用にして介護予防策を取るとともに、「自宅で看取る」ところまで医療・看護・介護面でのサポート体制を充実させようというものだ。

ある意味で、厚生労働省が推進している「在宅療養」や自宅での「看取り」をにらんだ対応策だ。高齢化が進むと、病院のベッドが足りなくなる。「自宅で療養できるのなら自宅で……」というのが厚労省の方針。高齢者自身も入院よりも自宅療養を望む人が多い。白金タワー管理組合法人の目指す「タワーマンション型地域包括ケアシステム」は時代に適応したものである。

このケアシステムがある程度完成すると、「白金タワーに住みたい」と考える人が確実に増えそうである。今でも白金タワーの管理組合法人が高度に機能しており、良好な管理が行われていることは関係者の間で知られている。こういった新しい取り組みがメディアで度々紹介されると、このマンションの好イメージは更に拡散される。まさに「ヴィンテージマンション」への途《みち》を歩み始めている。

ただ、この白金タワーの管理組合法人も、分譲当初から今のように機能していたわけで

はない。政治的な用語を使えば、入居が始まって五年ほどは「停滞していた」といってい
い状況だった。それが、ある事件があってから「民主主義革命」が起こり、役員の大半が
元地権者ではなく新規物件購入者に入れ替わった。新理事から理事長として選ばれたのが
星野芳昭氏である。以来、彼は民主主義のルールを決して逸脱することなく、次々と改革
を実施。今でも、普通の管理組合であればかなり困難の伴う四分の三特別決議を軽々と行
い、毎年のように管理規約を変更している。

また、彼は決して独裁者ではない。

理事の数は一八人から九人に減らした。その代わり、外部から監事を二名招いた。彼ら
はともに経験豊かなビジネスマンであり、なおかつマンション管理士の資格を持つという。
そして、まさに監事のなすべき「監査」という仕事を字義通り行っている。例えば、理事
の選定に際してそれが公平であるかなどは監事が意見を述べたり、毎回の理事会に出席し
て理事会の意思決定が法令や規約に基づいているかを時に厳しく指摘している。公平性を
保つため、理事の忘年会に二名の監事が招かれることはないという。

大多数の管理組合では、監事とは名ばかり。理事会の一員のような役割しか果たしてい

ない場合がほとんどだろう。それに比べて、白金タワー管理組合法人の「監事」はしっかりと機能している。

では、理事たちは組合の仕事で本業を圧迫するほど日々追われているのかというと、そうではない。理事会は月に一度ペースで二時間もかからないという。ほとんどの業務執行は管理会社に任せている。どうしても理事や理事長がやらねばならないことだけをやる、という方針だ。星野氏自身も本業である経営コンサルタントとして、日々忙しく過ごされている。

更に、その管理会社も星野氏が理事長になってからリプレース。二〇一一年に入れ替わった管理会社は、星野氏たちの有能な管理組合法人にしっかり管理業務を「管理」されているので手を抜けない。だから、その管理会社のエース級の所長とマネジャーが常駐している。

白金タワーの管理組合法人は、まさに民主主義のシステムが高度に機能して居住者や区分所有者の快適で安全な日常を守り、その資産価値を高めているのだ。今後、この白金タワーのサクセスストーリーは、日本中の管理組合にとって目指すべき一つの理想形となるだろう。

民主主義は決して理想ではない。しかし、やり方次第で現実にもしっかり機能する。白金タワーの管理組合法人を見ていると、そういう何ともいえない気持ちよさを感じる。

おわりに

マンションは、日本人を幸せにする。

ただし、その幸せはじっとしていても得られない。「マンション」という住形態から幸せを導くには、分譲マンションなら各区分所有者、賃貸マンションならオーナーが、相応に労力と財力を負担しなければならない。

長々と書いてきて、最後に私がたどり着いたのは以上のような平凡な結論だ。こうなることは、最初から分かっていたような気もする。しかし、やはりマンションというものを改めて考え直し、理解し直し、その上で様々な問題に取り組むには、ここに書いたような思索の旅を経ることが、少しは助力になると思うことにしたい。

マンションは、日本人の生き方をも変える革命的な存在である。そして、このあとかなり長い期間にわたって日本人が暮らす主要な住まいの形態になりそうだ。そのことについて、あれこれ愚考する機会が得られたことは、私にとって本当によかったと思う。

最後に、一度は葬られかけていたこの企画を救い出し、出版へと導いてくださった集英社の細川綾子さんと西潟龍彦さんには心から感謝したい。

＊本書の一部に「夕刊フジ」（産経新聞社）内の著者の連載「本当は教えたくないマンション業界の秘密」を基に加筆・修正し、構成した箇所があります。

榊 淳司（さかき あつし）

住宅ジャーナリスト。一九六二年、京都府出身。同志社大学法学部および慶應義塾大学文学部卒業。一九八〇年代後半から二〇年以上、マンションの広告・販売戦略立案に携わる。その経験を生かし、購入者側の視点に立ちながら日々取材を重ねている。著書に『マンション格差』『新築マンションは買ってはいけない!!』『年収300万円でも家が買える！』など多数。

マンションは日本人《にほんじん》を幸《しあわ》せにするか

集英社新書〇八七七B

二〇一七年四月一九日　第一刷発行

著者……榊《さかき》 淳司《あつし》

発行者……茨木政彦

発行所……株式会社集英社

東京都千代田区一ツ橋二-五-一〇　郵便番号一〇一-八〇五〇

電話　〇三-三二三〇-六三九一（編集部）
〇三-三二三〇-六〇八〇（読者係）
〇三-三二三〇-六三九三（販売部）書店専用

装幀……原 研哉

印刷所……大日本印刷株式会社　凸版印刷株式会社

製本所……加藤製本株式会社

定価はカバーに表示してあります。

ISBN 978-4-08-720877-1 C0236

Printed in Japan

a pilot of wisdom

社会——B

二畳で豊かに住む　西 和夫
「オバサン」はなぜ嫌われるか　田中ひかる
新・ムラ論TOKYO　隈 研吾／清野由美
原発の闇を暴く　広瀬 隆／明石昇二郎
伊藤Pのモヤモヤ仕事術　伊藤隆行
電力と国家　佐高 信
愛国と憂国と売国　鈴木邦男
事実婚 新しい愛の形　渡辺淳一
福島第一原発—真相と展望　アーニー・ガンダーセン
没落する文明　萱野稔人／神里達博
人が死なない防災　片田敏孝
イギリスの不思議と謎　金谷展雄
妻と別れたい男たち　三浦 展
「最悪」の核施設 六ヶ所再処理工場　小出裕章／渡辺満久／明石昇二郎
ナビゲーション「位置情報」が世界を変える　山本 昇
視線がこわい　上野 玲
「独裁」入門　香山リカ
吉永小百合、オックスフォード大学で原爆詩を読む　早川敦子
原発ゼロ社会へ！ 新エネルギー論　広瀬 隆
エリート×アウトロー 世直し対談　堀田 力／玄 秀盛
自転車が街を変える　秋山岳志
原発、いのち、日本人　浅田次郎／藤原新也ほか
「知」の挑戦 本と新聞の大学Ⅰ　一色 清／姜尚中ほか
「知」の挑戦 本と新聞の大学Ⅱ　一色 清／姜尚中ほか
東海・東南海・南海 巨大連動地震　高嶋哲夫
千曲川ワインバレー 新しい農業への視点　玉村豊男
教養の力 東大駒場で学ぶこと　斎藤兆史
消されゆくチベット　渡辺一枝
爆笑問題と考える いじめという怪物　太田 光／NHK「探検バクモン」取材班
部長、その恋愛はセクハラです！　牟田和恵
モバイルハウス 三万円で家をつくる　坂口恭平
東海村・村長の「脱原発」論　村上達也／神保哲生
「助けて」と言える国へ　奥田知志／茂木健一郎

a pilot of wisdom

a pilot of wisdom

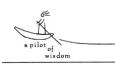